共享发展的微观基础和制度安排
——基于海南的调查与经验

GONGXIANG FAZHAN DE WEIGUAN JICHU HE ZHIDU ANPAI
JIYU HAINAN DE DIAOCHA YU JINGYAN

刘翔宇 著

首都经济贸易大学出版社
Capital University of Economics and Business Press
·北京·

图书在版编目(CIP)数据

共享发展的微观基础和制度安排:基于海南的调查与经验/刘翔宇著. ——北京:首都经济贸易大学出版社,2017.8

ISBN 978-7-5638-2698-8

Ⅰ.①共… Ⅱ.①刘… Ⅲ.①区域经济发展—研究—海南 Ⅳ.①F127.66

中国版本图书馆 CIP 数据核字(2017)第 191563 号

共享发展的微观基础和制度安排——基于海南的调查与经验
刘翔宇著

责任编辑	陈雪莲 彭芳
封面设计	风得信·阿东 FondesyDesign
出版发行	首都经济贸易大学出版社
地 址	北京市朝阳区红庙(邮编100026)
电 话	(010)65976483 65065761 65071505(传真)
网 址	http://www.sjmcb.com
E-mail	publish@cueb.edu.cn
经 销	全国新华书店
照 排	北京砚祥志远激光照排技术有限公司
印 刷	人民日报印刷厂
开 本	710 毫米×1000 毫米 1/16
字 数	198 千字
印 张	11.25
版 次	2017 年 8 月第 1 版 2017 年 8 月第 1 次印刷
书 号	ISBN 978-7-5638-2698-8/F·1493
定 价	38.00 元

图书印装若有质量问题,本社负责调换
版权所有 侵权必究

前　言

"十三五"时期是我国全面建成小康社会的决胜阶段,"十三五"规划指明了这一时期的发展环境、指导思想、主要目标以及发展理念,提出"人民是推动发展的根本力量,实现好、维护好、发展好最广大人民根本利益是发展的根本目的。必须坚持以人民为中心的发展思想,把增进人民福祉、促进人的全面发展作为发展的出发点和落脚点,发展人民民主,维护社会公平正义,保障人民平等参与、平等发展的权利,充分调动人民积极性、主动性、创造性"[①]。明确坚持人民主体地位的原则,对于我们充分理解"十三五"规划提出的"创新、协调、绿色、开放、共享"五大发展理念及其之间内在关系,具有决定性意义。共享发展是归宿,是乘风破浪通往伟大复兴彼岸的民族之船的舵,"必须坚持发展为了人民、发展依靠人民、发展成果由人民共享,做出更有效的制度安排,使全体人民在共建共享发展中有更多获得感,增强发展动力,增进人民团结,朝着共同富裕方向稳步前进"[②]。

过去5年里,海南省各族人民以习近平总书记系列重要讲话精神和对海南工作的重要指示为指引,坚持科学发展、绿色崛起,充分发挥全国最好的生态环境、全国最大的经济特区、全国唯一的省域国际旅游岛"三大优势",主动适应经济发展新常态,有效应对各种风险挑战。经济社会发展取得重大成就,国际旅游岛建设迈出坚实步伐[③]。

---

① "十三五"规划纲要(全文),新华社,2016年3月18日。
② "十三五"规划纲要(全文),新华社,2016年3月18日。
③ 刘赐贵在海南省第七次党代会上的报告:《凝心聚力奋力拼搏加快建设经济繁荣社会文明生态宜居人民幸福的美好新海南》。

过去的5年,经济持续健康增长,跨越式发展引人瞩目。2016年全省生产总值4 044.5亿元,5年间迈上"两个千亿"台阶,年均增长8.6%;地方一般公共预算收入637.5亿元,实现5年翻番,年均增长16.1%;社会消费品零售总额1 453.7亿元,年均增长11.8%;固定资产投资3 747亿元,实现5年翻番,年均增长21.5%;12个重点产业发展加快,传统产业提质增效、新型产业加快增长;接待游客总人数、旅游总收入年均分别增长11.2%和14.7%,服务业对经济增长贡献率达71.4%,占经济总量的53.7%,5年提高8.1个百分点;2016年新增市场主体11万户、新增注册资本5 968.77亿元,分别是2011年的1.9倍和4.7倍,发展的内生动力显著增强①。

成绩固然可喜,但问题依然存在:海南经济根基尚且薄弱,人才数量不足、层次有待提高、结构需要优化;区域发展不平衡的问题仍较突出,城乡居民人均收入还低于全国平均水平,精准扶贫需要下大力气;国际旅游岛建设国际化水平不高,发展的软硬环境有待改善,顶层设计缺乏全局观,体制活力有待充分释放;教科文卫等社会事业发展滞后,社会治理科学化、精细化水平和社会文明程度有待提高;等等。这些问题的解决与否,关乎美好海南建设的成败。

本书构思于建设经济繁荣、社会文明、生态宜居、人民幸福的美好海南的开局之年。人民幸福既是美好海南的外在表现,又是美好海南的本质要求。怎样实现人民幸福,正是本书思考和要回答的问题。

海南的发展一定要走共享之路。围绕这一主题,本书基于笔者参与的三亚市失地农民聚居社区发展调查(2011年5月—2011年12月)、三亚市80后收入差距容忍度调查(2014年12月—2015年3月)、昌江黎族自治县居民收入差距容忍度调查(2015年12月—2016年3月)、陵水黎族自治县三才镇居民生活水平差距容忍度调查(2016年12月—2017年3月)、临高县礼堂村居民生活水平差距容忍度调查(2016年12月—2017年3月),描

---

① 刘赐贵在海南省第七次党代会上的报告:《凝心聚力奋力拼搏加快建设经济繁荣社会文明生态宜居人民幸福的美好新海南》。

前言

述海南经济高速增长时期微观经济体的生活现状及对社会的诉求，测度他们的福利水平及对其预期，分析发展战略、政策在实施过程中，微观经济体和战略、政策制定者之间的博弈，分析了当下海南共享发展的成功经验，提出了海南共享发展的制度安排。

本书的框架为：第一篇回顾经济增长与人类发展理论。首先在经济学的框架中，阐述经济增长的源泉和动力；接着，将视角扩展至经济学的伦理层面，梳理发展观；最后，笔者回顾了21世纪中国的发展观，认为五大发展理念和科学发展观一脉相承，是对科学发展观的进一步完善。第二篇是经验研究部分。首先以三亚市三亚学院周边地区失地农民为调查对象，了解他们的生活现状，分析其经济诉求、社会保障诉求、政治诉求，进而探讨失地农民聚居社区的组织建设是否影响失地农民福利感受；其次，笔者观察了收入差距容忍度这一既受发展战略、政策影响又对发展战略、政策施加影响的微观经济体特征，调查了海南四地居民对收入差距/生活水平差距的容忍度，调查的目的在于为设计海南共享发展的制度安排提供现实依据、奠定理论基础；最后，笔者梳理了当下海南共享发展的典型案例，剖析其机理，总结其经验。第三篇是政策建议部分，首先基于产业发展战略理论分析海南应优先发展的产业；然后，笔者以供需矛盾的解决作为发展的微观基础，从要素的供给——创新人才培养模式、土地权益保障、创新金融服务三个方面，结合海南省省情和产业发展战略，讨论哪些制度安排能促进共享发展在海南落地生根、开花结果。

本书第四章、第五章的分析基于陈曦、王鹤儒、张荣曲、王小燕、吴亚妹主持的项目及调查，本人参与了这些项目及调查，三亚市科技工业信息化局资助了陈曦的项目，笔者在此对上述个人和单位表示感谢！

本书第六章的分析基于对三亚南鹿实业有限公司的调研，笔者在此感谢三亚南鹿实业有限公司邢军总经理、刘清常务副总经理的热情接待，对笔者提出的问题的详尽回答。笔者还要特别感谢同事陈晓昕，她介绍笔者认识及了解三亚南鹿实业有限公司的发展历程、发展理念、发展规划，与笔者共同对三亚南鹿实业有限公司进行了调研。

本书是探索海南共享发展之路的尝试,研究思路是否清晰,相关提法是否妥当,有待更深入的思考和查证,也欢迎理论界批评指正;政策建议是否可行,有待实践的检验。不过,如果本书确实能够挖掘海南经济、社会发展中尚未引起人们注意的现象,开启一些围绕建设美好海南的讨论,促进一些共享发展的海南经验的推广,作者甚慰!

目 录

第一篇 理论：经济增长与人类发展

第一章 经济增长：理论回顾 ………………………………………… 3
    第一节 亚当·斯密的增长思想 …………………………………… 3
    第二节 大卫·李嘉图的增长理论 ………………………………… 4
    第三节 哈罗德—多马模型 ………………………………………… 9
    第四节 索洛（新古典）增长模型 ………………………………… 11

第二章 人类发展：亘古主题 ………………………………………… 16
    第一节 马克思的人的全面发展 …………………………………… 16
    第二节 阿马蒂亚·森的以自由看待发展 ………………………… 17

第三章 21世纪中国的发展观：从科学发展观到五大发展理念 …… 21
    第一节 以人为本——科学发展观的核心 ………………………… 21
    第二节 五大发展理念——马克思主义发展观的时代创新 ……… 26

第二篇 微观基础：基于海南的调查和经验

第四章 失地农民的诉求：来自三亚3个村落的事实 ……………… 31
    第一节 调查的背景、目的及意义 ………………………………… 31
    第二节 失地农民研究综述 ………………………………………… 35
    第三节 三亚学院周边地区失地农民调查 ………………………… 37

　　第四节　调查中发现的问题 …………………………………… 53
　　第五节　失地农民的诉求——基于阿马蒂亚·森的发展理念 …… 57
　　第六节　组织建设是否影响失地农民的福利感受 …………… 62

第五章　海南居民对收入、生活水平差距的容忍度
　　　　——基于三亚、昌江、陵水、临高的调查 ………… 68
　　第一节　调查的背景、目的及意义 …………………………… 68
　　第二节　国内外研究现状 ……………………………………… 71
　　第三节　三亚80后收入差距容忍度调查 ……………………… 73
　　第四节　昌江黎族自治县居民收入差距容忍度调查 ………… 84
　　第五节　陵水黎族自治县居民生活水平差距容忍度调查 …… 94
　　第六节　临高生活水平差距容忍度调查 ……………………… 102
　　第七节　影响收入差距、生活水平容忍度的因素——推断及实证 …… 111

第六章　共享发展的海南经验——南鹿模式 …………………… 115
　　第一节　从供给侧入手，以创新解决供需矛盾 ……………… 115
　　第二节　协调村企关系，实现互利共赢 ……………………… 117
　　第三节　绿色发展理念助民康国安 …………………………… 118
　　第四节　开放引领创新 ………………………………………… 119
　　第五节　明确发展主体，积极引领发展 ……………………… 120

第三篇　制度安排：产业发展战略和要素供给

第七章　产业发展战略 …………………………………………… 125
　　第一节　产业发展战略理论综述 ……………………………… 125
　　第二节　基于共享理念的海南产业发展战略 ………………… 133

第八章　基于要素供给的制度安排 ……………………………… 139
　　第一节　发展是供需矛盾的解决 ……………………………… 139

第二节 产、校、企协同,紧密对接产业人才需求 …………… 141

第三节 政企、农企合作,创新土地利用方式 ……………… 143

第四节 创新金融服务,满足多层次需求 ………………… 145

参考文献 …………………………………………………… 163

后　记 …………………………………………………… 167

第一篇 理论：经济增长与人类发展

增长理论的认识对象是国民经济的长期增长行为，目的是阐明经济增长的规律和原因。人们对于经济增长有着不同的定义，一般被定义为实际（人均）社会总产品绝对的/相对的变化，或者被定义为实际消费的绝对的/相对的变化。本书将采用经济增长的这一定义。

当经济增长理论仅仅解释产品总量的增长，而不涉及诸如产品增长多大程度增进了人们的福利之类的问题，前述定义是明确的，并且由于它在统计上良好的可操作性，受到经济学者的普遍偏好。第一节回顾亚当·斯密的关于经济增长的思想，第二节介绍大卫·李嘉图的增长理论，第三节分析哈罗德—多马模型，第四节聚焦索洛的新古典增长模型。

人类发展是比经济增长更广阔的话题。回溯人类发展历史，从直立行走到使用工具，从发现新大陆到两次世界大战，从增长极限的争论到巴黎协议最终生效，人类无时无刻不在探寻答案。第二章并不是回顾人类发展历史，而是有选择地介绍发展观：第一节介绍马克思关于好生活（Das gute Leben[①]）的设想，这一设想与他关于人的本质（Wesen des Menschens[②]）及真正的人（wahres Menschen[③]）的设想紧密联系[④]；第二节介绍阿马蒂亚·森"开拓了供后来好几代研究者进行研究的新领域"[⑤] 的发展观——经济发展就其本性而言是自由的增长。

第三章转向21世纪以来中国的发展观，第一节介绍科学发展观，第二节介绍五大发展理念。笔者想指出，中国的发展奇迹是具有广泛群众基础的——发展为了人民、发展依靠人民、发展成果由人民共享。在以人为本这一点上，五大发展理念和科学发展观是一脉相承的。

---

① 德语，意为好生活。
② 德语，意为人的本质。
③ 德语，意为真正的人。
④ 参考 Thieß Petersen, http://www.glasnost.de/autoren/peter/leben.html。
⑤ 摘自瑞典皇家科学院1998年诺贝尔经济学奖公告。

第一章 经济增长:理论回顾

第一节 亚当·斯密的增长思想

在亚当·斯密的巨著《国富论》中,经济增长的基础——用他自己的术语来说——是劳动基金,劳动基金是一切财富的源泉,而劳动基金依赖于以下三点。

第一点,劳动者的技巧,用现代经济学术语来说,即劳动生产率。

第二点,劳动者相对于非劳动者的比例,用现代经济学术语来说,即就业率。

第三点,劳动者的绝对数量。

亚当·斯密的经济增长思想可以用恒等式

$$Y \equiv \frac{Y}{A} \times \frac{A}{B} \times B \tag{1-1}$$

表述。其中 Y 为社会总产品,A 为劳动者数量,B 为人口数量。定义 $\pi = \frac{Y}{A}$ 是劳动生产率,$e = \frac{A}{B}$ 是就业率。由式 1-1,得出经济增长率的表达式:

$$w_Y = w_\pi + w_e + w_B \tag{1-2}$$

根据式 1-2,经济增长率等于劳动生产率增长率[①]、就业率增长率和人口增长率之和。预测经济增长率的经验法则便是建立在式 1-2 的基础上。

按照斯密的观点,随着劳动分工不断加深和资本持续积累,劳动基金增

---

① 笔者认为,劳动生产率增长率可以被视为与技术进步率一致。

加，如果结合自由经济政策，那么国家的福利将增加①。斯密利用他的增长思想反对那个时代的重商主义经济制度。

然而，斯密关于社会总产品分配的表述是自相矛盾的。一方面，他认为工资水平依赖劳动供给和劳动需求，因此，在充分紧缺的劳动供给情况下，工资持续上涨；另一方面，他认为，劳动者只能获得维持他们生存的工资②。

总结斯密的增长思想：他认为经济持续增长是可能的。然而，不断增长的社会总产品对于工资领取者的分配是不断恶化的，他们仅能得到不变的实际工资；而食利者分得的社会总产品比例不断上升。

第二节 大卫·李嘉图的增长理论

大卫·李嘉图的著作中也包含增长理论，并且，他的由简单的基本假设推导出来的观点较斯密的更为清晰。李嘉图的理论影响深远，新古典主义的生产和收益理论也根植于此，马克思的劳动价值学说也吸取了其精华。

李嘉图的假设如下。

两部门经济——用现代经济学术语来说——农业（第一部门）和工业（第二部门）。土地主数量较少，即耕地（无论肥沃还是贫瘠）被垄断。佃户租赁土地主的土地从事农业生产。荒地可供自由开发成耕地。工业生产不占用土地，企业主自己或者雇用劳动力从事工业生产。劳动力获得等量农产品作为工资。工业产品是奢侈品，仅被土地主所需求。技术进步仅存在于工业部门。

对于18世纪的英国，其经济和社会满足下述若干特殊假设。

一、农业经济收益分配法则

农业经济中，无论是个别生产要素变化，还是开发水平的变化，收益分

---

① 正如斯密在他的著名的制针例子中所描述的。
② 这看起来是斯密关于工资的长期发展的观点。

配法则均有效。对于第一种情况,李嘉图假设,资本增长,耕地面积不变,收益也增长,然而其增加率不同于资本增长率——资本的边际收益递减。劳动也具有递减的边际收益。

进一步,李嘉图假设农业经济是规模报酬递减的。这是因为土地质量是递减的,这样,随着被开荒的土地增多,越来越多的贫瘠土地被耕种。人们提高农业经济的开发水平——等比例增加劳动、资本、土地的投入,(农业经济)收益尽管随之提高,但是收益增长率小于要素增长率。

假设农业经济所需的实际资本为 K_1,它在农业中被生产出来,并且为生产这些资本所需的劳动也在我们考虑中。我们又假设耕种单位土地所需劳动力和资本不变。收益自然取决于土地质量(肥沃还是贫瘠),并且土地质量是连续递减的。李嘉图的假设可以由农业生产法则简化为

$$X_1 = f(A_1), f(0) = 0, \dot{f} > 0, \ddot{f} < 0, A_1 \geq 0 \qquad (1-3)$$
$$K_1 \sim A_1, B \sim A_1$$

式中,X_1 为农业产量,A_1 为投入在农业上的劳动,B 为土地总量,f 连续可导且是凹的。

二、工业经济规模报酬不变

李嘉图假设,不同于农业经济,工业经济的生产系数①不随开发水平②变化而变化。因此,

$$X_2 = \alpha \times A_2, \alpha > 0 \qquad (1-4)$$

式中,X_2 为工业经济产量,A_2 为投入在工业上的劳动。

劳动总量为

$$A = A_1 + A_2 \qquad (1-5)$$

若 l 是以农业产品计量的单位劳动力的实际工资,则实际总工资 L 应等于经济体系的总资本 K,我们称之为工资基金。并且,为了支付劳动力在生产

---

① 单位最终产品所需的要素投入。
② 生产规模。

过程中的生活费，必须在生产开始之前筹措好总资本。

$$L = l \times A = K \quad (1-6)$$

三、差别租金理论

李嘉图假设佃户租赁土地是完全竞争的。于是，无论土地质量好坏，佃户从每单位土地中得到的净收入必须相等。肥沃土地的租金自然高于贫瘠土地，最贫瘠的土地，由于对其的耕种仅为糊口，因此它的租金是0。一旦它的租金高于0，佃户的口粮量低于其他人，他将转而耕种尚未利用的次贫瘠土地，并支付一点租金给土地主，这样，双方都变得更好了。因此，任何佃户的净收入和耕种最贫瘠土地的佃户的净收入相等，其余收入作为租金流向土地主。单位土地的面积上投入的农业劳动为 $\frac{B}{A_1}$。最贫瘠土地的总收入就等于农业劳动力的边际收益 $\dot{f}(A_1)$。所有佃户的收入为 $A_1 \times \dot{f}(A_1)$，土地主得到的租金 R 为

$$R = X_1 - A_1 \times \dot{f} \quad (1-7)$$

佃户的利润 Q_1，是他们的收入扣除实际工资 L，即

$$Q_1 = X_1 - R - l \times A_1 = A_1[\dot{f} - l] \quad (1-8)$$

四、相对劳动价值理论

商品的价值来自于为生产该商品所必需的劳动的思想，早在李嘉图之前就存在，比如说亚当·斯密。相对劳动价值理论发展了上述思想。李嘉图认为，两种商品的价值①比例与为生产这两种商品最后一单位所必需的劳动量比例相等。商品的短期价格则取决于供求关系而偏离其价值。如果1吨谷物是农业生产的边际单位，那么，为生产最后1吨谷物，人们需要 $\dfrac{\mathrm{d}A_1}{\mathrm{d}X_1} = \dfrac{1}{\dot{f}(A_1)} = \dfrac{A_1}{X_1 - R}$ 单位劳动，为了生产最后一平方米奢侈品材料（如果这是工业生产的

---

① 这里的价值应理解为长期内的平均价格。

边际单位），人们需要 $\dfrac{\mathrm{d}A_2}{\mathrm{d}X_2} = \dfrac{1}{\alpha} = \dfrac{A_2}{X_2}$ 单位劳动。这样，价值比例 $\dfrac{P_1}{P_2}$ 是

$$\frac{P_1}{P_2} = \frac{\dfrac{A_1}{X_1 - R}}{\dfrac{A_2}{X_2}} \qquad (1-9)$$

为了简便，我们使用价格代替价值，并指定了适宜的货币单位，那么农业产品价格 P_1 和工业产品价格 P_2 为

$$P_2 = \frac{A_2}{X_2} = \frac{1}{\alpha} = a_2 \qquad (1-10)$$

式中，a_2 是固定的工业劳动系数。

$$P_1 = \frac{A_1}{X_1 - R} = \frac{1}{\dot{f}(A_1)} \qquad (1-11)$$

由此，以工业产品计量的企业家的利润为

$$Q_2 = X_2 - A_2 \times l \times \frac{P_1}{P_2} \qquad (1-12)$$

佃户和企业家的总利润（以货币单位计量）为

$$Q = P_1 Q_1 + P_2 Q_2 = A(1 - P_1 l) \qquad (1-13)$$

土地主购买全部工业产品①，因此：

$$P_2 X_2 = P_1 R \qquad (1-14)$$

劳动力和企业家购买全部农业产品②，

$$P_1 X_1 = Q + P_1 \times lA \qquad (1-15)$$

货币工资为

$$w = P_1 l = \frac{l}{\dot{f}} \qquad (1-16)$$

（以货币计算的）利润率为

$$\pi = \frac{Q}{P_1 K} = \frac{\dot{f}}{l} - 1 \qquad (1-17)$$

---

① 土地主对农业产品的消费太低，以至于在此忽略。
② 此处忽略劳动力和企业家对工业产品的消费。

五、李嘉图和马尔萨斯的工资/人口法则

在劳动力市场中，实际工资 l 以充分就业为运行的前提。如果给定工资基金 K，则 l 总是反比例于被雇用劳动力的数量。究竟有多少劳动力呢？这取决于人口的发展，按照李嘉图和马尔萨斯的观点，这也取决于实际工资偏离世俗最低生活收入 $\bar{l}$。$\bar{l}$ 是劳动的自然价格，即长期内仅够劳动阶级维持生活的工资水平。如果劳动的市场价格 l 高于 $\bar{l}$，劳动者将能够因为生活条件的改善而养育更多子女。由此，劳动供给最终增加，导致劳动价格下降，l 可能降到 $\bar{l}$ 以下。于是劳动者家庭将变小，劳动力供给最终下降，工资水平又上升了。上述逻辑可以表述为

$$\frac{dA}{dt} = F(l - \bar{l}), F(0) = 0, \dot{F} > 0, \bar{l} > 0 \qquad (1-18)$$

式中，$\bar{l}$ 给定，t 表示时间。

六、资本积累

李嘉图认识到累积的资本是利润的函数。这样，当利润有一天消失了或者利润跌破某一确定的最小额，投资行为才会停下来，于是经济增长也到头了。因为只有不断增长的资本才能实现雇用新劳动力，并实现劳动分工的好处。

资本积累是实际利润的函数：

$$\frac{dK}{dt} = \Phi\left(\frac{Q}{P_1}\right) = \Phi(A \times [\dot{f} - l]), \Phi(0) = 0, \dot{\Phi} > 0 \qquad (1-19)$$

式中，t 表示时间。

仅当实际工资低于农业经济中的边际劳动产出，才会产生资本积累。一旦实际工资高于该数额，资本积累就中止，经济增长因此也随之中止。

李嘉图增长理论的基本特征由式 1-1 及式 1-19 呈现。显而易见，李嘉图经济体系有两个解。

（1）$l = \dot{f}$，当实际工资水平达到农业经济中的边际劳动产出时，资本积累中止。

(2) $l = \bar{l}$，当实际工资水平降至世俗最低生活收入时，人口增长中止。

根据式 1-4，$l = \bar{l} = \dfrac{K}{A}$。佃户的利润 Q_1 和企业家的利润 Q_2 为 0，所有等式成立。

李嘉图的增长理论实际上是停滞理论。只要人口增长，耕地就要增加，根据边际收益递减法则，劳动力增长率高于耕地增长率，即单位耕地的劳动耗费越来越高，随之劳动的自然价格以及工资成本上升。

因为工业经济的生产系数是不变的，长期来看，工业产品的市场价格相对于农业产品的市场价格将会下降。与此同时，工业产品的成本上升：无论是劳动力还是机器，这些生产所需的"成品"更昂贵了。工业产品成本上升，价格（相对于农业产品）下降，由此，企业家的利润萎缩直至消失。于是资本积累以及人口增长都终止了。经济停滞，劳动者和企业家从经济增长中一无所获，全部剩余流向土地主。

综上所述，李嘉图对经济增长的态度和斯密的截然相反——李嘉图是悲观的，无论是对于经济持续增长的可能性还是企业家利润。"下降的利润率"正是起源于李嘉图，他的理论可以浓缩为一句话：土地主是最终赢家。

显然，李嘉图的经济理论不是现实写照。经济增长从未停下脚步，利润率也不是下降的，土地主的收入（在发达资本主义国家）仅占总收入的一小部分。李嘉图哪里错了呢？他忽略了农业部门的技术进步以及投资的收入效应。

然而，如果我们将土地理解为可耗尽资源的矿藏地（而非农业生产地点），那么，李嘉图关于经济停滞以及土地主对其他一切阶层的剥削的推论或多或少有一定现实意义。

第三节　哈罗德—多马模型

现代增长理论伴随着凯恩斯体系的建立并受其推动始于 20 世纪 30 年代末及 40 年代初，代表人物是哈罗德（1939）和多马（1946），他们二人的工作是各自完成的，但却展现出极大的相似性。在哈罗德后期的（1954，1960）著作中，他的增长思想更靠近新古典增长理论。

凯恩斯一般理论（1936）的演绎，从其风格上来看，是面向短期的，并且以静态模型被呈现。探究在给定资本积累下的不完全就业的短暂均衡的条件及其原因，是凯恩斯的中心兴趣所在。出于这方面的原因，国民收入的决定对凯恩斯来说，是重要的，因为就业是受国民收入影响的。投资的收入效应可能影响国民收入，因此，投资被纳入对国民收入决定的分析中，也是合乎逻辑的。然而，投资能扩大产能，并不是凯恩斯的中心兴趣所在。

哈罗德和多马以凯恩斯对国民经济的收入概念的演绎为起点，通过考虑投资的产能效应，拓展了凯恩斯的思路。正是由于这种拓展，使得分析增长中的经济——国民收入、人口、生成潜能持续增长——的特征成为可能。

哈罗德—多马模型对社会总产品 Y 的定义如下：

$$Y = C + I^{\text{ind}} + I^{\text{aut}} \tag{1-20}$$

式中，C 是消费，I^{ind} 是引致投资，I^{aut} 是自发投资。

消费函数为

$$C_t = c \times Y_t, 0 < c < 1 \tag{1-21}$$

消费正比例于社会总产品，从中长期趋势来看，是符合现实的。c 是边际消费倾向，与之对应，$s = 1 - c$ 是边际储蓄倾向。

引致投资通过加速原理解释：

$$I^{\text{ind}} = \begin{cases} k \times \dfrac{\mathrm{d}Y}{\mathrm{d}t}, & \dfrac{\mathrm{d}Y}{\mathrm{d}t} \geq 0 \\ 0, & \dfrac{\mathrm{d}Y}{\mathrm{d}t} < 0 \end{cases} \tag{1-22}$$

式中，k 是不变的边际资本系数。社会总产品的提高引致投资（增加），这又扩大了生产能力以及社会总产品。

自发投资以外生恒定的 w_I 增长：

$$I^{\text{aut}} = I_0^{\text{aut}} \times e^{w_I \times t} \tag{1-23}$$

将式1-21、式1-22、式1-23代入式1-20，对于 $\frac{dY}{dt} \geq 0$，有

$$Y = c \times Y + k \times \frac{dY}{dt} + I_0^{\text{aut}} \times e^{w_I \times t} \quad (1-24)$$

求解式1-24中的 $\frac{dY}{dt}$，由于 $c + s = 1$，对于 $k \neq 0$，及 $\frac{dY}{dt} \geq 0$：

$$\frac{dY}{dt} = \frac{s}{k} \times Y - \frac{1}{k} \times I_0^{\text{aut}} \times e^{w_I \times t} \quad (1-25)$$

对于 $w_I \neq \frac{s}{k}$ 及 $\frac{dY}{dt} \geq 0$，式1-25的一般解为

$$Y_t = \left(Y_0 + \frac{I_0^{\text{aut}}}{k\, w_I - s}\right) e^{\frac{s}{k} t} - \frac{I_0^{\text{aut}}}{k\, w_I - s} e^{w_I t} \quad (1-26)$$

$Y_0 > 0$ 是社会总产品的初始值，$I_0^{\text{aut}} > 0$ 是自发投资的初始值，增长率 w_Y 依赖于时间，因此有 $w_Y(t)$，当 $w_I \neq \frac{s}{k}$，它渐进的取值

$$\lim_{t \to \infty} w_Y(t) = \begin{cases} \frac{s}{k}, & \text{当} \frac{s}{k} > w_I \\ w_I, & \text{当} \frac{s}{k} < w_I \end{cases} \quad (1-27)$$

可以断定，如果自发投资被考虑在内，那么它的增长率必须小于哈罗德—多马均衡增长率 $\frac{s}{k}$。否则，经过一段时间，社会总产品增长率以及（最后）社会总产品本身都将为负，因此，式1-25不再适用。

哈罗德—多马模型仅适用于持续增长的经济形势，倘若自发投资的增长率小于不存在自发投资的经济系统中的均衡增长率。毫无疑问，这是对哈罗德—多马模型应用范围的强烈限制。

第四节 索洛（新古典）增长模型

索洛模型（索洛—斯旺模型）是由罗伯特·默顿·索洛和斯旺于1956年建立的模型，该模型代表外生增长理论，并奠定了新古典增长理论的基础。

索洛模型将增长解释为物质资本积累达到投资和折旧之间的长期均衡——增长均衡——的过程。模型的核心是具有柯布—道格拉斯型生产函数性质的新古典生产函数，该模型使宏观经济模型与微观经济基础建立起了联系。在索洛模型中，一个初始时支配较少资本的国民经济，将储蓄用于补充资本——起初以较高的、增长的增长率增长，之后以较低的增长率增长，直至达成长期均衡。在长期均衡，人均产出的增长率为0。长期均衡后的进一步增长只能通过外生技术进步来解释。

模型假设在索洛模型中，国民经济被视为集合体——唯一的家庭——进行生产和消费活动。进而，模型忽略国家的存在，并假设不存在货币效应，即商品价格名义为1（$P \equiv 1$）。国民经济在任意时间t都拥有一定数量的资本（K），劳动（L）和技术（T），根据某一生产函数（F），产品（Y）被生产出来。

$$Y_t = F(K_t, T_t L_t) \qquad (1-28)$$

式中，$T_t L_t$被称为有效劳动。假设生产函数是新古典类型的，因此它呈现4个特性。

一是生产要素必需性：$F(K_t = 0, T_t L_t > 0) = 0$，$F(K_t > 0, T_t L_t = 0) = 0$。

二是不变的规模报酬及一阶齐次性：$F(\lambda K_t, \lambda T_t L_t) = \lambda F(K_t, T_t L_t)$。

三是正的且递减的边际收益：$\frac{\partial F}{\partial K_t} > 0, \frac{\partial^2 F}{\partial K_t^2} < 0$；$\frac{\partial F}{\partial (T_t L_t)} > 0, \frac{\partial^2 F}{\partial (T_t L_t)^2} < 0$。

四是稻田条件：$\lim_{K_t \to 0} \frac{\partial F}{\partial K_t} = \infty$，$\lim_{K_t \to \infty} \frac{\partial F}{\partial K_t} = 0$；$\lim_{L_t \to 0} \frac{\partial F}{\partial B(T_t L_t)} = \infty$，$\lim_{L_t \to \infty} \frac{\partial F}{\partial (T_t L_t)} = 0$

在最简单的形式中，索洛模型假设是在无国家参与的封闭经济中。因此，产出不是被用于消费就是被用于投资。

$$Y_t = C_t + I_t \qquad (1-29)$$

储蓄全部转化为投资，

$$S_t \equiv I_t \qquad (1-30)$$

第一章 经济增长：理论回顾

并且储蓄比例 $0 < s < 1$ 恒定，

$$S_t = s \times Y_t \tag{1-31}$$

假设每一时期资本折旧率恒为 δ，劳动人口以恒定增长率 n 呈指数增长。

为了便于分析人口增长在国民经济增长过程的作用并对模型中的变量进行清晰的比较，索洛将变量用劳动单位化。

$$y_t \equiv \frac{Y_t}{L} = \frac{F(K_t, T_t L_t)}{L} = F(\frac{K_t}{L}, T_t) \tag{1-32}$$

$$f(k_t) = F(\frac{K_t}{L}, T_t) \tag{1-33}$$

式 1-33 说明人均资本的产出，显而易见，人均资本量对于人均收入的发展具有决定性作用。人均资本的发展由 3 个因素决定。

一是任何时刻人均收入的固定比例转化为储蓄：$sy_t = sf(k_t)$。

二是任何时刻人均资本存量中的固定比例 $\delta \in (0,1)$ 被折旧。

三是任何时刻人口以固定增长率 n 指数增长，增长的资本配置给增长的人口，人均资本恒定：$L(t) = L(0) e^{nt}$。

基于上述 3 个因素，索洛模型得到了基础等式：

$$\frac{\mathrm{d}k}{\mathrm{d}t} = sf(k_t) - (n + \delta) k_t \tag{1-34}$$

当 $sf(k_t) > (n + \delta) k_t$，即 $\frac{\mathrm{d}k}{\mathrm{d}t} > 0$，人均资本增长，进而人均国民收入增长；

当 $sf(k_t) < (n + \delta) k_t$，即 $\frac{\mathrm{d}k}{\mathrm{d}t} < 0$，人均资本下降，进而人均国民收入下降。

在长期均衡，也即国民经济处于增长均衡水平，投资恰好被折旧（考虑到人口增长）消耗掉，即人均资本存量恒定，即

$$sf(k_t) - (n + \delta) k_t = 0 \leftrightarrow sf(k_t^*) = (n + \delta) k_t^* \tag{1-35}$$

式中，k_t^* 是增长均衡下的人均资本存量。索洛模型的假设保证了增长均衡的存在。索洛模型如图 1-1 所示，无论增长起于哪个人均资本水平，资本密集度均收敛于均衡人均资本存量。

如前所述，s、δ 以及 n 决定 k_t^*，它们是外生的，因此，它们的变动对国

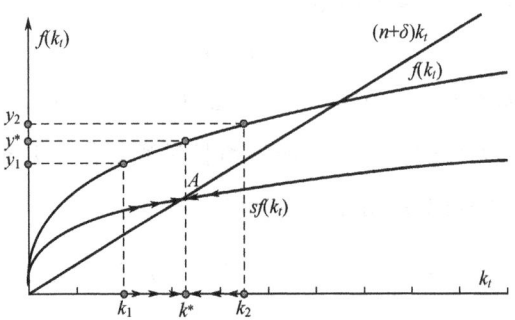

图1-1 包含人口增长的索洛模型

民经济的长期均衡产生影响。较快的人口增长或者较高的折旧比例将提高投资需求线的斜率,由此,人均资本存量增加,而人均收入降低了。

图1-2描述了长期均衡对于人口增长的反应:储蓄曲线不变,斜率为 $(n+\delta)$ 的投资需求线围绕原点旋转。新的长期均衡 B 点是变动后的投资需求线和储蓄曲线的交点,新的长期均衡(相对于原始均衡 A 点)具有较小的人均资本和人均收入。由于新的投资需求线在资本存量 k_0 处高于 sy_0,因此将导致较少的资本形成,经济萎缩($\frac{\mathrm{d}k}{\mathrm{d}t} < 0$)。人均资本存量继续递减,直至新的均衡水平在 B 点(新的投资需求线与储蓄曲线的交点)达到。在新均衡 B,存在较小的人均资本存量 k_1,同样,新的均衡人均产出水平也较小,即 $y_1 < y_0$。

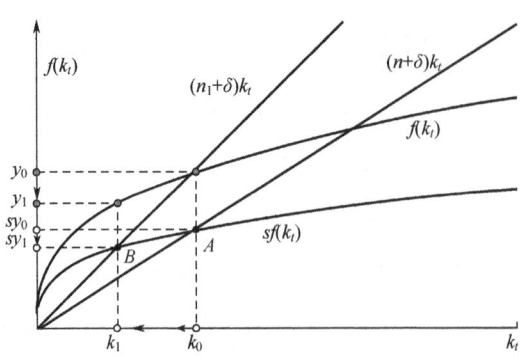

图1-2 较大的人口增长率对长期均衡的影响

基本的索洛模型以封闭经济和无国家活动为出发点。引入国家部门和国际资本流动是可能的。

索洛模型的一个中心假设是储蓄比例外生给定且不随时间变化。这意味着，国民经济将收入中的相同比例转化为储蓄，无论其收入水平多高。索洛并没有研究国民经济对于利率变动以及资本税作何反应。此外，实证研究证实了储蓄比例随收入升高而升高。因此，索洛模型的一个重要扩展是表述储蓄比例对收入的依赖性，为此需要家庭储蓄行为的明确模型。该研究由拉姆齐在1928年开始，在1965年卡斯和库普曼斯进一步发展，由此得出的模型被称为拉姆齐—卡斯—库普曼斯模型。

索洛对如何理解技术或劳动生产率，没有做进一步的解释。技术或劳动生产率涉及各要素的集合，虽然它们能够影响人均收入，但却并未包含在劳动或者资本中。劳动人口的（职业性）培训、基础设施乃至政治制度——比如产权——都可以归入其中。索洛模型受到的最重要批评就是它把上述那些增长的决定因素视为外生的。20世纪80年代末兴起了内生增长理论，保罗·罗默、菲利普·阿吉翁、彼得·霍依特等人均致力于发展该理论，该理论的显著特点是技术进步不再是外生于增长过程，而是在增长中被决定。

第二章 人类发展：亘古主题

第一节 马克思的人的全面发展

马克思认为，人的本质由人区别于其他生物并且每个人类个体都具有的特性构成，真正的人是符合人类学理想的人。好生活终究是一种生活，在其中，人类作为真正的人生活，由此实现了（马克思）人类学意义上的理想。

马克思在他的早期作品（1846）中体现了关于好生活以及人类学意义上的理想的设想。好生活具备4个元素：①人的创造性活动；②人的全面发展；③人的需求的特异性表现；④人作为社会关系生物生活。本节仅围绕马克思关于人的全面发展的论述进行介绍和分析。

马克思假设人拥有使其发展的素质、能力以及潜力。人的本质是实现那些发挥以及发展其固有的能力和素质的可能。由于发展总是关乎个体气质和潜力，因此发展的目标是个性的发展。基于此，值得注意的是，人的发展和人的创造性活动一样是目的本身，而不仅仅是提高物质水平或者其他目标的一种工具。除此之外，发展的目的性还以这样的方式体现出来，即存在对发展本身及运用发展的能力的需求。

进一步地，好生活表现为，每个个体有意识地自主选择其希望发展的能力。自我实现与人的素质的发展紧密相关，自我实现这一表述清楚而简要地说明了个体实现将自我能力和才华表现出来的可能性。自我实现发生在人类活动的框架内，反过来（自我实现）又以此为前提：人的工作具有生产性和创造性特征，由此，人的工作是有吸引力的工作。

与自我实现相关联，有必要强调性地提及马克思的个体思想。当马克思谈论个体的全面展现的时候，其实他在表述特定个体的某种素质的展现。此时，马克思不是在考虑集体（比如说一个阶级或者社会）能力的发展，而是考虑个体能力的发展。马克思对个体的兴趣，作为其思想核心，渗透在他的全部著作中。马克思总是探讨"Entwicklung des einzelnen Individuums, ... die höhere Entwicklung der Individualität"①，并且要求"die volle und freie Entwicklung jedes Individuums"②。然而，马克思对于个体发展的思考并不包含平均主义观念，而是非常反对平均主义的发展，这尤其体现在他所追求的生产和分配体系中——"Jeder nach seinen Fähigkeiten, jedem nach seinen Bedürfnissen！"③

当然，好生活并不暗示每个人都要将可想象到的人类能力发展到淋漓尽致。事实上，马克思只追求特定人潜能之内的能力的展现。在与马克斯·施蒂纳的争论中，马克思、恩格斯体现了他们的这一立场："（共产主义社会的）劳动组织者根本没有像桑乔所想象的那样认为每个人应当完成拉斐尔的作品，他们只是认为，每一个有拉斐尔的才能的人都应当有不受阻碍地发展的可能④。不是每个人都应该打猎，但是，如果基于他的能力和意愿，他能够并且愿意打猎，那么，他就应该被给予从事打猎工作的培训。"

总之，可以把人的全面发展和自我实现相提并论，只要自我实现被理解为自由的、令人满意的发展以及对存在于人类的所有个体能力的运用，在这一过程中，发展体现为目的本身。好生活包含全面发展的、受过训练的并且有能力的个体，他不断提高自己的技能和才干。

第二节 阿马蒂亚·森的以自由看待发展

当新古典（增长）理论将发展定义为通过不断上升的收入提高福利主导发展理论时，经济增长的备选方案对于广泛的发展过程来说却是匮乏的。

---

① Entwicklung des einzelnen Individuums 意为个体的发展，die höhere Entwicklung der Individualität 个体的更高发展。
② 意为人的全面和自由发展。
③ 意为按劳分配、按需分配。
④ 马克思，恩格斯. 马克思恩格斯全集［M］. 第三卷. 北京：人民出版社，1960：456-459.

1998年诺贝尔经济学奖得主阿马蒂亚·森在他的《以自由看待发展》中"精致、简明而范围广泛地阐述了这样一个概念——经济发展就其本性而言是自由的增长"①,他"开拓了供后来好几代研究者进行研究的新领域……在重大经济学问题讨论中重建了伦理层面"②。

阿马蒂亚·森认为,人的发展是消除束缚个体选择和行动的可能性的不自由。这不是仅仅通过提高收入就能实现的,还要求扩大社会基本服务,例如完善学校和健康设施以及保障公民权利,以此作为人们参与社会过程的前提条件。人的自由,因其在经济、政治、社会层面上的多方面的联系,不仅仅是发展的首要目的,也是发展的基本手段③。在阿马蒂亚·森看来,自由在发展过程中既起到建构性作用,又起到工具性作用。比如,市场一方面扩大了人们交换商品和服务的可能性,使其在社会劳动分工中合作;另一方面,市场表现为一种有效的增加产量和提高收入的工具。因此,强调市场机制重要作用的同时,也要拒绝经济竞争绝对化,否则,它将给社会和政治发展带来高昂成本。

阿马蒂亚·森的观点与功利主义、自由至上主义以及罗尔斯的正义观划清了界限。他认为,上述立场在评价发展进展时,包含的信息过少。无论是个人效用或者收入对比,还是对基本商品的配给,单独作为发展指标的话,都缺乏说服力。这是因为如果发展使用收入或者商品的某一特定水平作为目标的话,那么发展受太多的先决条件支配。由于年龄、性别、健康水平的不同,个体需要不同的商品,以达到特定的生活水平。除此之外,环境条件、社会及政治环境,比如对公民权利的保障、社会的暴力倾向或者对教育及医疗设施的供给,都在发展中发挥着重要作用。阿马蒂亚·森很看重功能性活动,他认为发展取决于个体以及社会的先决条件,个体投入并且使用供其支配的商品和收入,以实现给定的目标,这些先决条件正发挥了功能性作用,个人的和社会的先决条件是互相影响的。阿马蒂亚·森运用"可行能

---

① 1972年诺贝尔经济学奖得主肯尼斯·阿罗。
② 摘自瑞典皇家科学院1998年诺贝尔经济学奖公告。
③ 在这个观点上,阿马蒂亚·森和马克思惊人的一致。

力"——有可能实现的、各种可能的功能性活动组合①——来阐述发展,"可行能力因此是一种自由,是实现各种可能的功能性活动组合的实质自由"②。正是基于这个理由,阿马蒂亚·森将发展理解为一个过程,在这一过程中,人们展现自己的可行能力并且扩展它们。

阿马蒂亚·森是这样展示他对克服贫困和促进人类发展的思考——他将社会、经济以及政治子系统之间的交错组合置于整体语境中考虑。民主不仅仅发挥着工具作用,而且鉴于其扩展自由的作用,民主本身具有价值。由于个体在社会制度中生活并采取行动,因此个体的自由取决于社会制度怎样被设计。以自由为导向的发展观内含对不同社会层面的决策参与的要求、对公民权利和政治权利的要求。从这个观点出发,阿马蒂亚·森强调改善妇女受教育、就业的条件的必要性,加强对财产权的保障。这样做的意义在于,一方面,它将扩展人们的可行能力;另一方面,它对于解答发展的中心问题——比如婴儿死亡率或者人口出生率的降低——起到了关键作用。

集体决策基于理性思考的观点,不仅仅是阿马蒂亚·森关于政治的思考,它也奠定了阿马蒂亚·森对其经济学理论(社会选择理论)阐述的基础。借助这一观点,阿马蒂亚·森既反对将人视为经济人,也反对将理性等同于效用最大化的观点。阿马蒂亚·森认为,市场经济竞争的成功依赖于一套价值规则,除了利润最大化之外,这套规则也认可信任作为标准。在关于人类行为结构的假设中,阿马蒂亚·森偏好利己主义和利他主义的一种适度的平衡,基于这种偏好,他建立了人的个性和社会性的相互要求的关系。个体自由从来不是绝对的,而总是被视为社会责任。自由及与其联系的价值,比如自身利益、主动性以及自我实现既具有建构性价值,也具有工具性价值。在很大程度上,个体自由是依赖于其所处的社会的先决条件的——每个个体都有义务投身于他所处环境的转变及发展的过程中。

---

① 阿马蒂亚·森. 以自由看待发展 [M]. 任赜,于真,译. 北京:中国人民大学出版社,2009:62.
② 阿马蒂亚·森. 以自由看待发展 [M]. 任赜,于真,译. 北京:中国人民大学出版社,2009:62.

不仅阿马蒂亚·森对发展的独到理解赢得了全世界学术界的关注,他的思想也带来了与发展相关的实践过程的思路和安排的革新。联合国开发计划署(UNDP)的人类发展报告以及人类贫困指数(human poverty index)、人类发展指数(human development index)本质上归功于阿马蒂亚·森的思考。

第三章 21世纪中国的发展观：
从科学发展观到五大发展理念

第一节 以人为本——科学发展观的核心

2003年8月28日至9月1日，在江西考察工作的胡锦涛同志首次表述了科学发展观，他说："要牢固树立协调发展、全面发展、可持续发展的科学发展观，积极探索符合实际的发展新路子，进一步完善社会主义市场经济体制。"科学发展观作为引领全国人民全面建设小康的历史时期的发展理念正式出现在同年10月召开的十六届三中全会上，大会通过《中共中央关于完善社会主义市场经济体制若干问题的决定》——"坚持以人为本、全面协调可持续的科学发展观，促进经济社会和人的全面发展"①。胡锦涛在这次全会中强调，树立和落实全面发展、协调发展和可持续发展的科学发展观，对于我们更好地坚持"发展才是硬道理"的战略思想具有重大意义。

2007年10月，胡锦涛在党的十七大报告中进一步深刻阐述了科学发展观的时代背景、实践基础、科学内涵、精神实质和根本要求，同时对科学发展观作出了最权威的评价。党的十七大通过的《中国共产党章程》把科学发展观写入了党章，成为全党全国各族人民行动的指南。

胡锦涛在庆祝建党90周年大会上强调指出，"在当代中国，坚持发展是硬道理的本质要求就是坚持科学发展"。作为当代中国发展的主题，科学发展就是遵循规律的发展。作为科学理论，科学发展观必将在指导中国科学发展

---

① 《中共中央关于完善社会主义市场经济体制若干问题的决定》，2003年10月14日中国共产党第十六届中央委员会第三次全体会议通过。

的伟大实践中得到进一步发展。

科学发展观的深刻内涵和基本要求如下。①

一要坚持以人为本：以实现人的全面发展为目标，从人民群众的根本利益出发谋发展、促发展，不断满足人民群众日益增长的物质文化需要，切实保障人民群众的经济、政治、文化权益，让发展成果惠及全体人民。

二要全面发展：以经济建设为中心，全面推进经济建设、政治建设、文化建设和社会建设，实现经济发展和社会全面进步。

三要协调发展：统筹城乡发展、统筹区域发展、统筹经济社会发展、统筹人与自然和谐发展、统筹国内发展和对外开放，推进生产力和生产关系、经济基础和上层建筑相协调，推进经济建设、政治建设、文化建设、社会建设的各个环节、各个方面相协调。

四要可持续发展：促进人与自然的和谐，实现经济发展和人口、资源、环境相协调，坚持走生产发展、生活富裕、生态良好的文明发展道路，保证一代接一代地永续发展。

科学发展观的核心是以人为本，深刻理解以人为本，才能全面把握科学发展观的精神实质和科学内涵。

一、以人为本就是以最广大人民的根本利益为本

以人为本的人，是指最广大人民群众。在当代中国，就是以工人、农民、知识分子、私营业主等劳动者为主体，包括社会各阶层在内的最广大人民群众。以人为本的本，就是根本，就是出发点、落脚点，就是最广大人民的根本利益。坚持以人为本，就要坚持人民在建设中国特色社会主义事业中的主体地位，坚持发展为了人民、发展依靠人民、发展成果由人民共享，不断实现好、维护好、发展好最广大人民的根本利益；就要正确反映和兼顾不同地区、不同部门、不同方面群众的利益，妥善协调各方面的利益关系；就要坚

---

① 《科学发展观学习读本》连载（一）：前言，人民网，http://theory.people.com.cn/GB/40557/68137/68138/4599338.html。

第三章　21世纪中国的发展观：从科学发展观到五大发展理念

持在全国人民根本利益一致的基础上关心每个人的利益要求，体现社会主义的人道主义和人文关怀，满足人们的发展愿望和多样性需求，尊重和保障人权；就要关注人的价值、权益和自由，关注人的生活质量、发展潜能和幸福指数，最终实现人的全面发展。①

让更多人分享"机会的福利"，是对以人为本科学发展观这一核心的最好解读。

"优先发展教育，建设人力资源强国。坚持教育公益性质，扶持贫困地区、民族地区教育，健全学生资助制度，保障经济困难家庭、进城务工人员子女平等接受义务教育……实施扩大就业的发展战略，促进以创业带动就业。要坚持实施积极的就业政策，加强政府引导，完善市场就业机制，扩大就业规模，改善就业结构。完善支持自主创业、自谋职业政策……加快发展社会事业，全面改善人民生活。现代国民教育体系更加完善，终身教育体系基本形成，全民受教育程度和创新人才培养水平明显提高。社会就业更加充分。"②

广东省首开先河推出的、面向外来工群体招录公务员的政策——"公务员考试"不看户口，不论学历，不要求专业——令江西赣州的张志云的命运有了翻天覆地的变化，他从一个保险业定损员转变为活跃在青年活动中的团干部，用他的经历鼓舞着城市外来务工人员向上流动。初中毕业后，年仅16岁的湖南青年唐小华到广东打工，从一名螺丝工成长为一名工程师，2011年他通过积分入户政策在东莞安家落户，随后又从两轮考试中突出重围圆梦北大。正是广东省推行的"圆梦计划""积分制入户"政策，为2 000多万外来务工人员打开了一扇机会之门，圆了他们的大学梦、城市梦。

在上海地标——新外滩，有一群统一红色着装、规范服务的摄影队伍，摄影师兼志愿者的他们，被游客亲切地称为"小红豆"。"小红豆"们属于大学生创业企业——上海乐程影像技术有限公司，企业主丁建勋则在2008年下

---

① 《科学发展观学习读本》连载（三）：以人为本是核心，人民网，http://cpc.people.com.cn/GB/64093/64098/4613479.html。
② 摘自中国共产党第十七次全国代表大会报告：《高举中国特色社会主义伟大旗帜，为夺取全面建设小康社会新胜利而奋斗》。

半年研究生刚入学一个月时,凭借"快速影像自助服务"的冲印技术和盈利模式,成功获得上海市大学生科技创业基金最高等级 30 万元资助。丁建勋获得的不仅是基金支持,更是一整套完善的创业服务支撑体系:一对一创业企划辅导、企业注册服务、最高半年免费办公室租用期等,财税扶持、专利政策、投融资等服务项目更是伴随着企业成长。创业扶持政策为"丁建勋"们开启了一条自我实现的道路。

二、以人为本体现了立党为公、执政为民的本质要求

胡锦涛同志指出,相信谁、为了谁、依靠谁,是否站在最广大人民的立场上,是区分唯物史观和唯心史观的分水岭,也是判断马克思主义政党的试金石。对于马克思主义执政党来说,坚持立党为公、执政为民就等同于实现好、维护好、发展好最广大人民的根本利益,充分发挥全体人民的积极性来发展先进生产力和先进文化。

以汪洋湖、任长霞、李守发为代表的党的优秀干部,不断增强共产党员的宗旨意识,不断坚定共产主义信念。群众的每一点难处,每一点苦处,都是汪洋湖心中的痛。1998 年,汪洋湖担任吉林省水利厅厅长的第一年,嫩江、松花江等流域发生了一场百年不遇的特大洪水。危急关头,更体现出汪洋湖把人民的利益放在最高处的政治本色。在那些惊涛骇浪的日日夜夜,身为吉林省防汛副总指挥的他,每天奔波在百余公里的嫩江、松花江大堤上,哪里有任务,就奔向哪里;哪里有险情,他就出现在哪里。2001 年 7 月 19 日,是任长霞的第一个局长接待日,她从上午 8 点一直忙到晚上 11 点多,只吃一个烧饼,接待了 124 位群众,腿站麻了,嗓子哑了。外边天热,任长霞把乡亲们请到了五楼会议室。有的群众边说边哭,任长霞边流泪边记录。

党的优秀干部忠诚于党和人民的事业,多为群众办实事、办好事。原长春军分区副司令员李守发,走出一条带领农民致富的光荣之路。1998 年,55 岁的李守发脱下穿了 36 年的军装。就在这时,李守发遇到了一个老乡,聊起家乡乡亲生活的事儿,李守发的心动了。1998 年秋,李守发夫妇带着全部家当回到了家乡杏花村。李守发经过调查发现,要想让家乡富起来,必须在山

上做文章。可是,乡亲们听了他的想法后,都直摇头,说:"这么多年来,我们栽下的树都是头年绿,二年黄,三年进灶膛。"李守发不信这个"邪"。他承包了荒山,还把自己的新家建在半山腰上。没有路,他一锹土、一块石地铺出600米长的下山路;没有水,他一镐一镐地在山沟里挖出一个蓄水池。胶鞋穿烂了,摸出针线包,撕块旧篷布补上。就这样,他用三个月时间,建起了四间红砖瓦房,把根扎在了杏花村。经过13年的坚守,李守发把一个穷得叮当响的村子,改造成人均收入15 000元,集体经济总量500多万元的富裕村。

正是共产党人胸怀人民,情系人民,奉献人民,人民也热爱他们。也不难理解为什么在人民女警任长霞遇难之后会有那么多民警、群众请求医生:"求求您,再救救她,救活俺局长,要我身上什么器官都行。"这是一种情结,一种和人民鱼水相依、血肉相连、肝胆相照、生死与共的情结。群众心里有杆秤,谁把心交给了人民,人民群众就会把他放在心里头,谁把人民捧在手上,人民群众就会把他捧过头顶。

三、坚持发展为了人民、发展依靠人民、发展成果由人民共享

坚持以人为本,要把解决人民群众切身利益问题放在首位,在治国理政的过程中,充分听取、充分体现和代表人民的意愿,坚持发展为了人民、发展依靠人民、发展成果由人民共享,发展利民,引领全体人民朝着共同富裕的方向稳步前进。

2002—2012年,全国共实现城镇新增就业1亿多人。解决3 000多万下岗职工再就业问题,4 000多万高校毕业生实现稳定就业。国家全面取消对农民工进城务工的各种限制。到2011年末,全国农民工总量达到2.5亿人,比2003年底增加1.39亿人,农民工外出务工收入大幅增加,生活得到极大改善;从教育投入总量看,全国教育经费总投入从2002年的5 480亿元增加到2010年的1.96万亿元,增长了3.6倍,年均增幅约17%。

共享发展的微观基础和制度安排——基于海南的调查与经验

第二节 五大发展理念——马克思主义发展观的时代创新

发展是人类社会的永恒主题，也是马克思主义的永恒主题。中国特色社会主义道路，是马克思、恩格斯关于经济文化落后国家可以"不通过资本主义制度的卡夫丁峡谷"① 直接过渡到以社会主义为核心的东方社会发展理论的成功范例，展示了马克思主义中国化的强大生命力。

中华人民共和国成立以来，从《论十大关系》，到"发展是硬道理"，再到后来党把发展作为执政兴国的第一要务，坚持以人为本的科学发展观，我党不断深化着对发展的认识，用中华人民共和国的建设不断实践着马克思主义发展观，并一次又一次丰富马克思主义发展观。

中国的发展是毋庸置疑的，发展的成果是引人瞩目的。中国共产党人决不会停下来松口气，因为肩负着中华民族伟大复兴的历史使命，更因为全面自由的发展是人类孜孜以求的梦想。在决胜小康社会的起点，中国共产党人清醒地作出了经济发展进入新常态的重大战略判断："新常态下，我国经济发展表现出速度变化、结构优化、动力转换三大特点，增长速度要从高速转向中高速，发展方式要从规模速度型转向质量效率型，经济结构调整要从增量扩能为主转向调整存量、做优增量并举，发展动力要从主要依靠资源和低成本劳动力等要素投入转向创新驱动。这些变化不以人的意志为转移，是我国经济发展阶段性特征的必然要求"②。新的形势，既要稳增长，又应求变革；新的征程，更需创新理念，指引前行。

正是在使命召唤下，党的十八届五中全会深刻总结国内外发展经验教训，深刻分析中国社会当前和未来发展大势，自觉运用共产党执政规律、社会主义建设规律、人类社会发展规律，在此基础上鲜明提出创新、协调、绿色、

---

① "卡夫丁峡谷"典故出自古罗马史。公元前321年，萨姆尼特人在古罗马卡夫丁城附近的卡夫丁峡谷击败了罗马军队，并迫使罗马战俘从峡谷中用长矛架起的形似城门的"牛轭"下通过，借以羞辱战败军队。后来，人们就以"卡夫丁峡谷"来比喻灾难性的历史经历，并可以引申为人们在谋求发展时所遇到的极大的困难和挑战。

② 习近平：关于《中共中央关于制定国民经济和社会发展第十三个五年规划的建议》的说明。

第三章　21世纪中国的发展观：从科学发展观到五大发展理念

开放、共享五大发展理念，用发展理念统领发展思路、发展方向、发展着力点，用发展理念彰显价值、重申立场、宣誓决心，再一次实现了马克思主义发展观的时代创新，也开辟了当代中国发展的新境界。①

如何看待五大发展理念和科学发展观之间的关系呢？五大发展理念坚定不移地坚持了科学发展观。"无论是强调坚持以经济建设为中心还是重申发展是第一要务，无论是突出问题导向还是着力体制机制，五大发展理念与科学发展观从价值指向、立场情怀到思维模式、策略选择等各个方面都是高度一致、一以贯之、一脉相承的。"②

科学发展观的核心是以人为本，五大发展理念同样把以人民为中心作为发展必须坚持的首要原则与根本思想。

首先，把共享作为发展的出发点和落脚点充分体现了社会主义本质和共产党宗旨。国家建设是全体人民共同的事业，国家发展过程也是全体人民共享成果的过程，既强调了人民是发展的主体，也明确了人民是发展成果的享有者。中国共产党的首要使命就是切实改善人民生活水平，逐步实现共同富裕。这便是人民至上、共建共享的科学发展理念。坚持共享发展，我们的国家就会安定、民族就会团结、人民就会满意，我国发展就能顺应时代发展潮流，引领时代发展潮流。

其次，只有坚持共享发展，才能全面建成小康社会、实现民族伟大复兴。从全面建成小康社会这第一个百年目标来看，到2020年要实现国内生产总值和城乡居民人均收入比2010年翻一番，但仅有"总值"和"人均"的小康并不是全面的小康，一部分人"被小康"会损害全面小康的价值底色、降低全面小康的实际成色。③ 正如习近平总书记在关于制定"十三五"规划建议的说明中所指出的，"我们不能一边宣布全面建成了小康社会，另一边还有几千

---

① 何毅亭．马克思主义发展观的中国实践与中国创新［EB/OL］．http：//theory.people.com.cn/n/2015/1126/c40531-27859982.html．

② 何毅亭．马克思主义发展观的中国实践与中国创新［EB/OL］．http：//theory.people.com.cn/n/2015/1126/c40531-27859982.html．

③ 任理轩．坚持共享发展——"五大发展理念"解读之五［N］．人民日报，2015-12-24（007）．

万人口的生活水平处在扶贫标准线以下,这既影响人民群众对全面建成小康社会的满意度,也影响国际社会对我国全面建成小康社会的认可度"。全面小康是全体人民的小康,是参与发展的主体享受发展成果的体现,全面建成小康社会的难点就在于不能让一个人掉队。决胜全面建成小康社会,必须按照共享发展理念长远规划,实现人民生活水平和质量普遍提高,尤其要让贫困地区和贫困人口脱贫。对于中华民族伟大复兴的中国梦的实现,坚持共享发展,让人人都有获得感、人人增强幸福感依然是基本要求。让13亿多中国人共享改革发展成果,是我们党努力奋斗的核心要义、立场情怀,是检验中国发展符合马克思主义发展观的唯一标准。

最后,只有实行共享发展,才能更好推进马克思主义发展观中国化、当代化、大众化。习近平同志强调,要坚持以人民为中心的发展思想,这是马克思主义政治经济学的根本立场。要坚持把增进人民福祉、促进人的全面发展、朝着共同富裕方向稳步前进作为经济发展的出发点和落脚点。这深刻阐明了共享发展就是以人民为中心的发展,就是把实现13亿多中国人的幸福作为目的和归宿的发展。

第二篇　微观基础：基于海南的调查和经验

这里的微观经济体是指个人和家庭。任何社会活动，都必然具有其微观基础——构成社会的个人和家庭的行为及行为的内在逻辑。发展的主体是人民，人民在发展过程中的感受是发展的晴雨表，人民的感受和诉求构成了发展的微观基础。

2010年1月4日，国务院发布《关于推进海南国际旅游岛建设发展的若干意见》，给海南的经济社会发展打上了鲜明的烙印。本篇涉及的调查、案例，都具有鲜明的国际旅游岛建设背景。第四章，通过对三亚学院周边地区失地农民的调查及分析，展现国际旅游岛建设给微观经济体的影响，总结失地农民的诉求。第五章，展示了海南省四地居民对收入、生活水平差距的容忍度的调查结果，力图挖掘微观经济体在海南经济高速增长阶段，感受到的收入及生活水平差距及对其的容忍程度。收入激励人们改善自己的生活，也有可能压抑人们的发展动力。第六章，介绍共享发展的海南本土经验——企业引领、村企合作、创新驱动、共享成果的三亚南鹿模式。

第四章 失地农民的诉求：来自三亚3个村落的事实

第一节 调查的背景、目的及意义

政府行政命令式或商业用途的开发征地，是造成我国城乡二元结构社会背景下大规模农民身份转变的主要形式。失地农民在被动征地的过程中，生产方式被迫改变，生活环境随之复杂化，这本质上是个强制性的制度变迁过程。据国务院发展研究中心课题组公布的数据表明，1987—2001年，全国非农建设占用耕地3 394.6万亩[1]，其中70%以上是征地，这就意味着至少有2 276万亩耕地由原来的集体所有变成了国家所有。按照《全国土地利用总体规划纲要》，2000—2030年的30年间占用耕地将超过5 450万亩。届时，我国失地农民总数将超过1亿人，其中将有一半以上的农民既失地又失业。既有的城乡二元结构，土地征用制度的不合理，农民自身思想观念、文化素质、劳动技能等方面的不适应，使得大量失地农民很难融入城市社会，他们种地无田、就业无岗、低保无份，生活在城市的边缘，就业、社会保障又享受不到相关政策，基本生存问题堪忧，这主要表现为如下四个方面[2]。

一、农民失地现象极为普遍

国家统计局农村社会经济调查总队调查结果表明，在被调查的2 942户中，耕地共被占用9 400.15亩，占原有耕地的68.4%，平均每户被占用3.2亩。现在尚余耕地4 340亩，平均每户1.48亩，平均每人0.36亩。其中，人

---

[1] 1亩=0.0667公顷，由于本书研究的特殊性，全书的面积单位统一用亩。
[2] 王顺喜. 我国失地农民现状分析及政策建议[J]. 中国软科学，2009（4）.

均耕地在 0.3 亩以上的有 442 户，约占调查总户数的 15%；人均耕地不足 0.3 亩的有 1 237 户，约占 42%；完全丧失耕地的有 1 263 户，约占 43%[①]。

二、富余劳动力比例较高

国家统计局农村社会经济调查总队的调查显示，在被调查的 2 942 户中，20% 的劳动力赋闲在家。

三、人均纯收入总体水平有所下降，低收入失地农户增加

国家统计局农村社会经济调查总队的调查还表明，46% 的失地农户收入水平下降。在接受调查的 2 942 户中，耕地被占用前年人均纯收入平均为 2 765 元，耕地被占用后年人均纯收入平均为 2 739 元，约下降了 1%。其中，年人均纯收入增加的有 1 265 户，约占调查总户数的 43%；持平的有 324 户，约占 11%；下降的有 1 353 户，约占 46%。

四、失地农民面临多重困境

（一）择业难，尤其是失地的中老年农民就业更难

从目前情况看：首先，政府提供的再就业岗位，安置下岗职工就已经十分困难，安排失地农民就业的机会很小，而许多失地农民最需要的是稳定的收入来源；其次，由于受文化程度和年龄的影响，完全靠自谋出路，失地农民无法竞争外来打工者；最后，对相当部分的失地农民进行再就业技能的培训已经不可能。

（二）生活保障难

过去大部分老年人靠种几亩地来解决生活问题，耕地曾经是维系子女的纽带，目前地已占完，没有来钱路，只能靠有限的土地补偿费来维持生活，失去土地后老人的赡养问题难解决。失去土地以后，农民也就失去了最基本的收入来源，生活保障出现危机。失地农民最担忧、最盼望政府解决的问题是养老、医疗保障问题。

---

① 赵友新. 失地后的失衡———失地农民的就业和生活问题调查 [J]. 中国土地, 2004 (2).

第四章 失地农民的诉求：来自三亚 3 个村落的事实

（三）心理上适应难

对于农民家庭来讲，没了土地就等于失去了家庭院落。农业机具、粮食无处储藏，卖粮的变成了买粮的，部分农民由房屋出租方变为租住方，等等。失地农民虽然由农村进入城市，由乡村人口转变为城镇人口，但由于土地的失去、生活方式的改变、现代城市文明的撞击以及自身素质存在的差距，在城市化过程中其心理存在着明显的不适，这也将直接影响城市化的进程①。

毫无疑问，国际旅游岛建设将推动海南省城市化进程。统计显示，2004年，海南省城市化水平已从 1978 年的 8.23% 提升到 40% 左右，比全国平均水平高出 3.9 个百分点，在全国排名第 13 位；2007 年，全省城镇人口占总人口比重上升到 47.2%；2008 年，海南城市化水平达到 48.6%；到 2020 年，《海南城乡总体规划》中规划海南城市化水平要达到 60%。海南省城市化进程加速必将扩大对土地的需求，失地农民数量将不断增加。到 2007 年底，海南全省被征地的农民累计达到 25 万人，而且这个数据还在逐年攀升，全省每年新增被征地农民人数在 2 万人以上②。

农民失地后，原有的生产、生活方式中断，生活受到影响。然而，心理的变化对其未来的生存和发展更具决定性作用。失地之初，绝大多数人对生活是迷茫、彷徨的。一些农民精英，比如陵水黎安镇大墩村的曾兴旺，在失去土地，获得补偿款后，以此为契机，在海口老街租用铺面经营了一家海南特色小吃店，很快从旧的生活方式中解脱出来，对新的生活充满喜悦和希望③。然而，比迷茫、彷徨的心理反应更为严重的情况是，因征地而发横财的心理，及其带来的盲目消费、奢靡生活，甚至是赌博、吸毒等违法行为。孟群英（2011）通过对陵水、东方、海口几个市县的调查发现，失地农民失地后短期收入和消费均有提高，其原因是补偿款到位后的短视消费。2016 年 5 月 10 日海南日报题为《三亚村民"一夜致富"后的失地生活：百万元曾赌光》的报道讲述了以老王为中

---

① 包永辉，陈先发. 乱征地引发无地无业之忧 [J]. 瞭望新闻周刊，2003（23）.
② 范南虹. 解决失地农民后顾之忧专家解读《海南省被征地农民基本养老保险暂行办法》[N]. 海南日报，2009 - 7 - 13.
③ 孟群英. 城市化进程中海南失地农民权益保障问题研究 [D]. 海口：海南师范大学，2011.

心人物的一群失地农民的故事:"在三亚市海棠区江林村,20世纪80年代很多村民从未见过万元现金时,老王就因收购蔬菜每天掌握数十万元的现金。2009—2012年,江林村征地拆迁,政府陆续补偿给他几百万元,然而赌博挥霍让他'百万富翁一夜变穷人'。2009年后,海棠湾进入大发展期,新型城镇化所伴随的土地征用补偿,在这片热土上不断创造财富传奇。2 723人的江林村是该区首批征地拆迁村,7年来陆续的征地,产生众多像老王这样的百万富翁。对于这些手握万金的失地农民而言,钱却犹如烫手山芋,让这个村庄从此进入向左是深渊,向右是"涅槃"的选择中……'别看我现在骑电动车,以前我的车村里人都没见过',老王说。快速花光第一笔补偿款后,老王很快又获得第二笔征地补偿款,拿到钱后,他立刻前往海口购买吉普车。当时江林村其他村民也在扎堆购买宝马、奔驰、保时捷、奥迪等高端车"①。老王的经历并不是孤例,因征地而暴富,因挥霍而返贫,同征地后生活水平下降,都是在中国新型城镇化大潮中许多地方亟待解决的难题。

海南省国际旅游岛建设以来,基础设施、商业开发用地迅猛增加,使得海南省失地农民不仅数量激增,而且其生存及发展的表现形式越来越丰富,失地农民问题涉及个人、家庭、企业的生产、消费、投资等微观经济问题,也涉及基层组织(村、乡镇)、地方政府(县市、省)的制度安排、政策制定、执行的社会选择问题,还涉及社会的安定团结、人民的精神风貌、文化的传承发扬、民族的融合互助等政治、人文、伦理问题。笔者作为海南本地学者,通过调查海南失地农民的生活现状,建构对这一群体经受的制度变迁给其带来的福利改变、心理震荡的认识,识别这一群体基于现状建立起的对未来的预期,并分析预期如何影响他们的行为选择,以及他们的行为选择和发展政策的互动给社会带来何种程度的发展,正是本研究的目的。

失地农民问题非常受学界关注,在中国知网期刊数据库中搜索,发现以"失地农民问题"作为主题的期刊文章,早在2003年就出现了,截至2017年

---

① 黄媛艳. 三亚村民"一夜致富"后的失地生活:百万元曾赌光[EB/OL]. http://www.hinews.cn/news/system/2016/05/10/030386832.shtml.

有1 143篇，涉及失地农民生活现状、福利水平、就业问题调查、权益保障研究、补偿制度设计、创业金融支持、身份认同等，所有这些研究都具有相同的意义，可以归纳为以下三点。

第一，农民作为中国最大的人口群体，他们的福祉关乎国富民强，他们的发展关乎长治久安。

第二，农民作为城市化进程中最相关的群体，失地后可行能力的展现、扩展，是检验以人为本城市化实现与否的唯一标准。

第三，农民作为中华人民共和国成立以来对祖国发展贡献最大的阶级，他们的全面发展，是共享发展理念引领中华民族伟大复兴的动力。

在国际旅游岛建设背景下，调查海南失地农民的生活现状、心理震荡、行为选择，可以为地方政府制定发展战略、选择产业政策、设立增长目标提供民情依据，为引导海南人民走创新、协调、绿色、开放、共享的发展之路营造和谐的社会环境。

第二节 失地农民研究综述

国内对失地农民问题的研究主要集中在失地农民权益保障和失地农民福利水平两个方面。杜伟（2007）从制度经济学角度分析了失地农民权益受损的肇因，认为"计划经济和城乡二元制度的综合作用是失地农民权益受损最根本的体制原因，而现行土地制度和土地征用政策是其直接原因"，他分析了"农村集体土地产权不清晰""政府职能错位与行政行为失偏""征地补偿安置标准过低""农民自我保护能力短缺"4点原因。基于上述原因，其提出要"完善农村土地产权立法，建立农民权益保障的长效机制""改进征地补偿工作，建立失地农民土地补偿的长效机制""建立健全失地农民社会保障体系，建立失地农民社会保障的长效机制""积极拓展就业渠道，建立失地农民就业扶持的长效机制"等完善失地农民权益保障的建议[①]。林乐芬、金援（2011）

---

① 杜伟. 失地农民权益保障的制度经济学分析 [J]. 经济体制改革, 2007 (6).

基于对重庆、江苏的两个村镇的调查及对比分析，指出"无论是由于土地非农转移而彻底失去土地承包经营权、实现户籍城镇化的失地农民，还是由于现代规模农业虽保留承包权但失去经营权在农民社区集中居住的失地农民，目前所面临的共同问题：低水平、低标准、单一的财政安置补偿方式，难以保障失地农民未来的生活水平"，其提出建立以财政手段为主，即发挥土地财产功能的基础保障作用（住房＋养老＋医疗），以金融手段为辅，即土地资本化运作永续分享土地未来增值收益的失地农民权益可持续保障长效机制[1]。邓大松、王曾从失地农民经济状况、获取资源的能力、福利水平再生、福利补偿、社会保障损失五个指标，衡量失地农民在城市化进程中的福利水平，认为除了补偿不足和生活成本提高以外，"对于失地农民而言，在失地之后受影响最大的方面是社会保障的福利损失"[2]，基于此，其提出以福利补偿为基准的失地农民补偿建议。尹奇等，根据阿马蒂亚·森的功能和能力福利理论，提出"失地农民福利的构成既包括经济状况、居住条件、社会保障、环境等客观指标（功能），也包括发展空间、心理状况等指标（能力）"[3]，根据对成都市温江区、双流县和大邑县的失地农民调查，指出"失去土地后，农民福利水平略有提高，福利水平的模糊评价值从 0.342 上升到 0.373，但总体上仍较低"[4]，其提出提升失地农民的人力资本、完善失地农民的社会保障制度、建立失地农民的心理调适机制等提高其福利水平的建议。

沈关宝、王惠博[5]综述国外学者关于政府土地政策、城市化进程中土地产权、土地冲突等问题的研究成果，指出国外学者"关注失地农民的利益，重视土地产权"，基龙德（Kironde）认为政府通过给予失地农民以极低或零补偿而征用土地，势必导致许多失地农民无地耕种和生活，贝里（Berry）认为

---

[1] 林乐芬，金援. 失地农民土地权益可持续保障机制研究［J］. 经济纵横，2011（12）.
[2] 邓大松，王曾. 城市化进程中失地农民福利水平的调查［J］. 经济纵横，2012（5）.
[3] 尹奇，马璐璐，王庆日. 基于森的功能和能力福利理论的失地农民福利水平评价［J］. 中国土地科学，2010（7）.
[4] 赵友新. 失地后的失衡———失地农民的就业和生活问题调查［J］. 中国土地，2004（2）.
[5] 沈关宝，王惠博. 解读"失地农民问题"———国内外失地农民问题研究综述［J］. 江西社会科学，2008（1）.

土地产权和利益分配的不公平将会导致经济运行的扭曲,加快穷人财富向富人的转移,加剧整个社会的不公平;而明确、公平和合理的土地产权将会促进土地的合理利用和相应技术的进步,刺激对土地的投资,增加土地交易机会,减少贫穷,有利于整个社会经济的发展和稳定。马卜贡杰(Mabogunje)认为国有土地产权限制了私有经济的发展,且在实际操作过程中会面临诸多问题,如不明确的法律条款、繁杂不透明的操作程序以及中央和地方政府有限的土地管理能力,等等。这些问题增加了土地产权的不安全性,降低了土地投资的积极性,限制了国有土地的有效使用。在20世纪70年代的非洲,土地产权的国有垄断导致了较多的土地管理错误和腐败事件的发生;在加纳,40%的市区和郊区被征用土地都处于闲置和未开发状态;在东欧和独联体地区的一些国家,国有土地同样出现了较多问题和不良后果。

第三节 三亚学院周边地区失地农民调查

农民失地,不外乎因公共建设征地和商业开发征地,不论是公共性的,还是商业性的征地,都蕴含着发展的机遇。因为(新古典)经济增长理论指出,人均资本存量积累是增长的原动力。然而,经济增长——正如笔者在第一章开篇界定的那样——不涉及诸如产品增长多大程度增进了人们的福利之类的问题,而本节呈现的是失地农民(失地后)的福利感受,将福利感受以及对福利的预期,视为失地农民这一群体的发展标志。

2011年5月至2011年12月,笔者参与的海南省教育厅科学研究项目"三亚市失地农民聚居社区的发展研究——基于三亚学院周边社区的调查"课题组对三亚学院周边3个村子——红花村、落笔村、中村的81户失地农户进行了调查和访谈,从失地农民的主观感受和他们所聚居社区的客观情况出发,了解他们的福利感受及对福利的预期,归纳他们的诉求。

红花村,总体呈长方形,两侧有山,道路多以水泥路为主,820县道是村中主干道。村子有11个大队,每个大队有单独的书记和会计,且都有一个独立的村名,如三汤村、大园村,这就是其中两个大队,每个大队有300~500人不等,100

户左右的人家。其中三汤村、大园村在三亚学院建设时被征地。落笔村的村子总体呈圆形，四周有山包围，道路以沙石路为主。有11个大队，二队、三队在万科森林公园建设时被征地，其他大队，土地多以私人（外地人）承包为主，用来种植树苗、哈密瓜和椰子等经济作物。中村，南面有山，在长江商学院建设时被征地，集体土地征地赔偿14万元/户，个人土地征收赔偿29万元/户，村子以水泥道路为主，村子距离三亚市迎宾大道不到1 000米，村口便是学院路。

调查的特色与创新之处主要在于针对海南省国际旅游岛建设这一特定经济发展环境，根据对失地农民的被征地自愿度、就业情况、求职途径、收入水平、创业意愿及融资需求、可动用的社会资源、对社会保障及其聚居社区的公共服务需求及聚居社区的政务公开程度、民主参与程度等问题的调查，识别失地农民的个体特征、经济地位特征、社会交往特征和（政策、收入分配的不合理所造成的）相对剥夺感所引发的个体对农民聚居社区组织的服务需求。下面是笔者调查的主要内容。

一、就业、收入、生活水平

课题组设置了10个问题，调查失地农民的就业、收入、生活水平。

（一）"您目前的工作是什么？"

调查结果如图4-1。需要说明的是，"经营农业"选项意指尚未被完全征用土地的农民从事家庭农业经营，而下题中的"继续经营农业"意指失地农民被雇用从事农业工作——并不稳定的季节性农工。

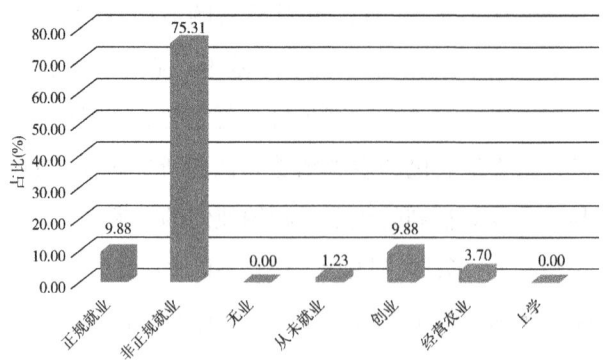

图4-1 失地农民就业情况

(二)"依靠什么关系寻找工作?(多选)"

调查结果如图4-2所示。

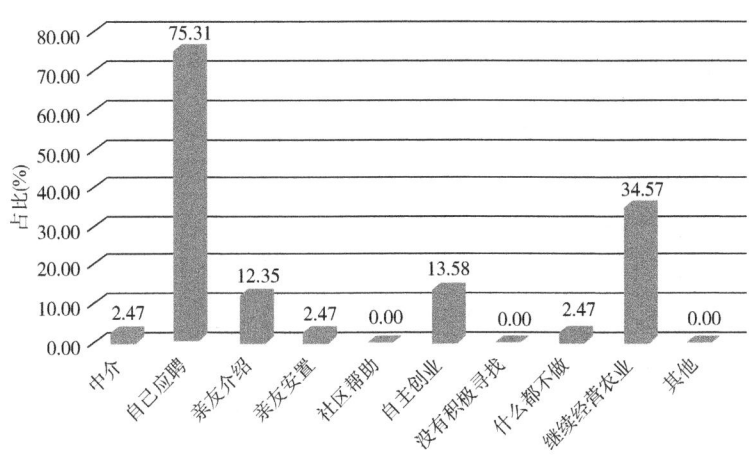

图4-2 失地农民寻业方式

(三)"您是否愿意离家外出工作?"

调查结果如图4-3所示。

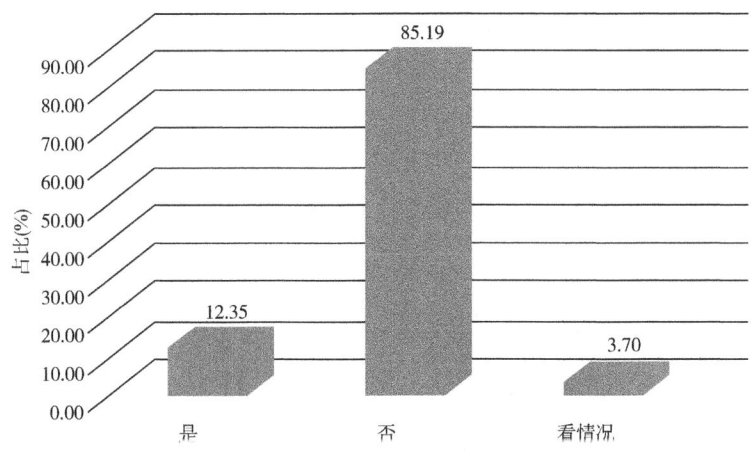

图4-3 失地农民离家工作意愿

(四)"您是否因下列原因存在就业困难?(多选)"

调查结果如图4-4所示。

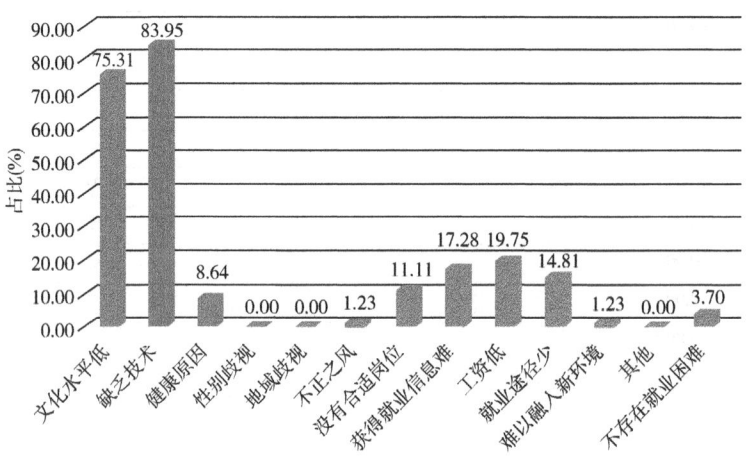

图4-4 失地农民就业困难原因

(五)"全家一个月的总收入大约多少元?"

调查结果如图4-5所示。

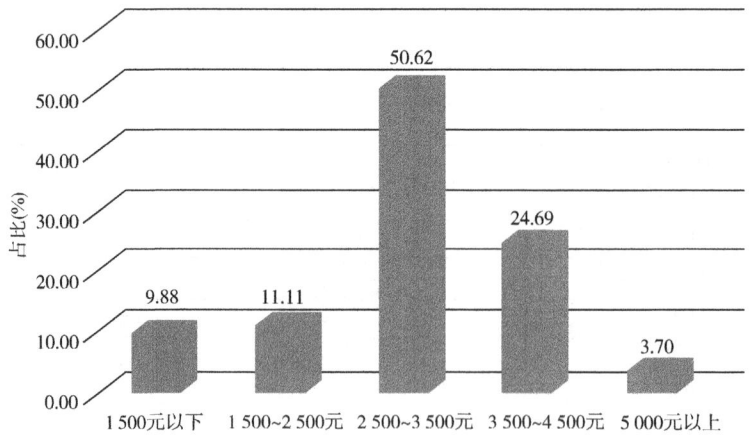

图4-5 失地农民家庭月收入

由于收入不能作为衡量生活水平的依据,因此我们设置了两个对生活水平主观判断的问题。

(六)"您对现在的生活满意吗?"

调查结果如图4-6所示。

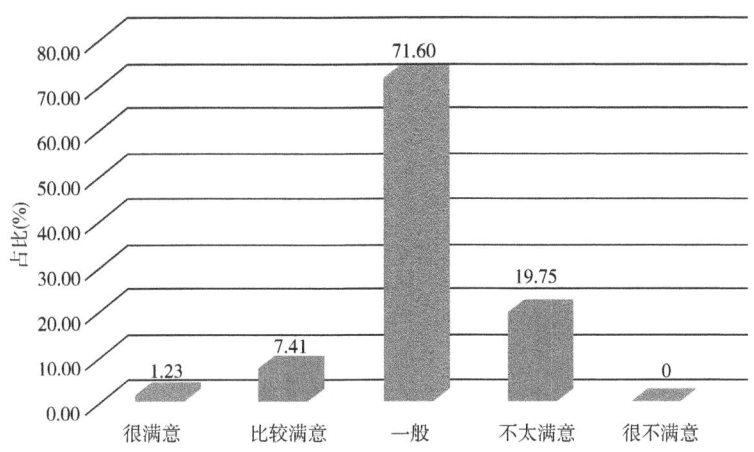

图4-6 失地农民生活水平满意度

(七)"你觉得你们家的生活水平属于哪个等级?"

调查结果如图4-7所示。

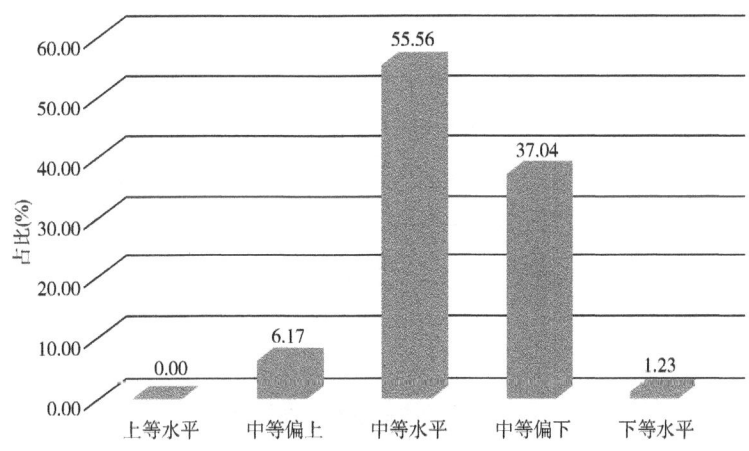

图4-7 失地农民生活水平主观排序

（八）"您是否已经或愿意贷款（商业贷款）进行创业，或者扩大经营？"调查结果如图4-8所示。

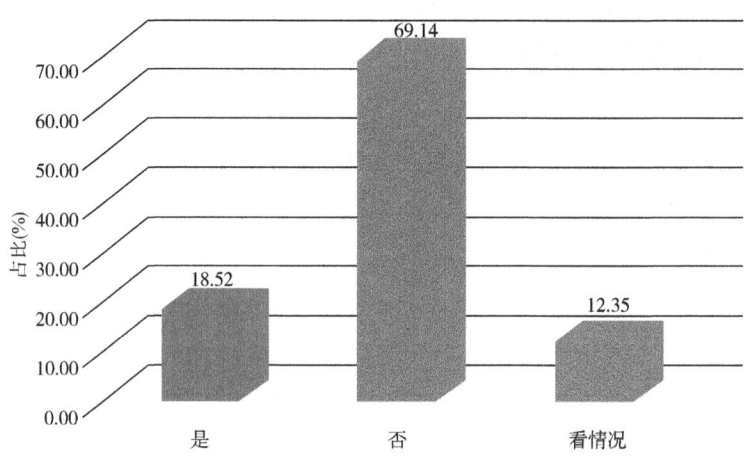

图4-8 失地农民商业贷款意愿

（九）"您是否已经或愿意接受政府优惠的小额贷款做一个小生意？"调查结果如图4-9所示。

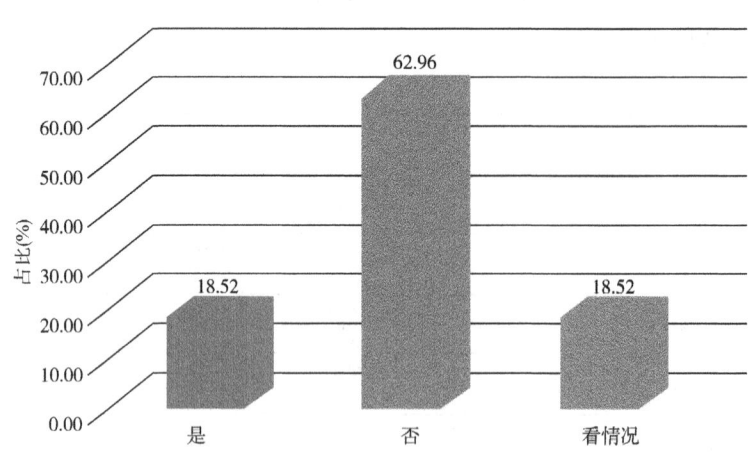

图4-9 失地农民政府小额贷款意愿

(十)"有困难时,您首先想到要寻求谁的帮助?(多选)"
调查结果如图4-10所示。

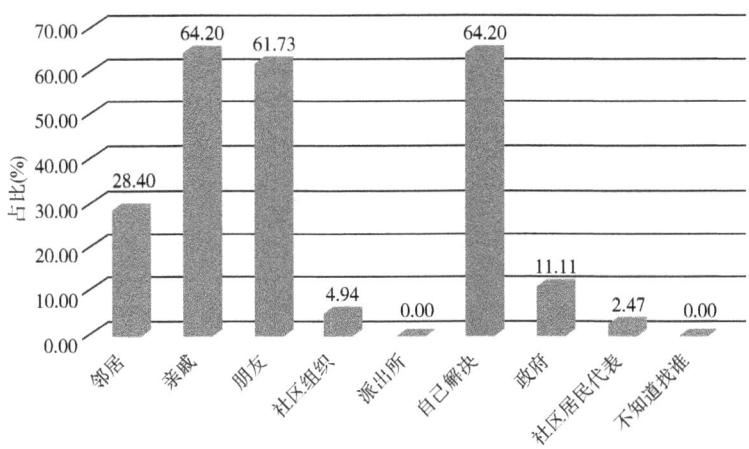

图4-10 失地农民求助对象

二、社区组织建设

课题组设置了19个问题,了解失地农民聚居社区的组织建设情况。

(一)"您觉得在现在的社区居住有哪些不便?(多选)"
调查结果如图4-11所示。

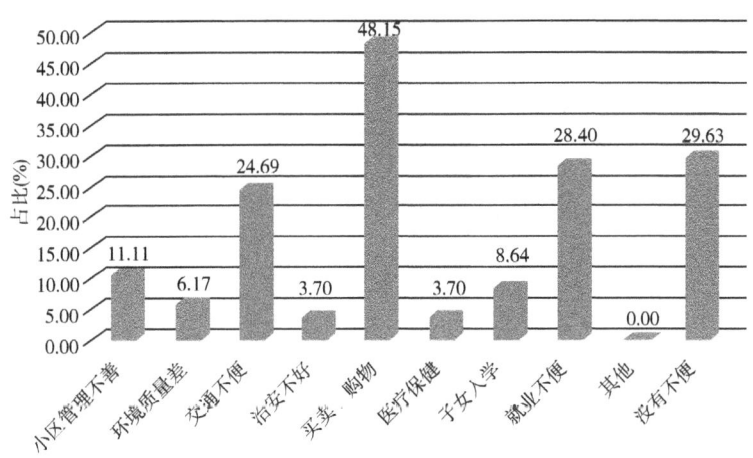

图4-11 失地农民聚居社区存在哪些不便

(二)"如果今后社区进行改造,作为居民,您最关注的问题是?(可多选)"调查结果如图4-12所示。

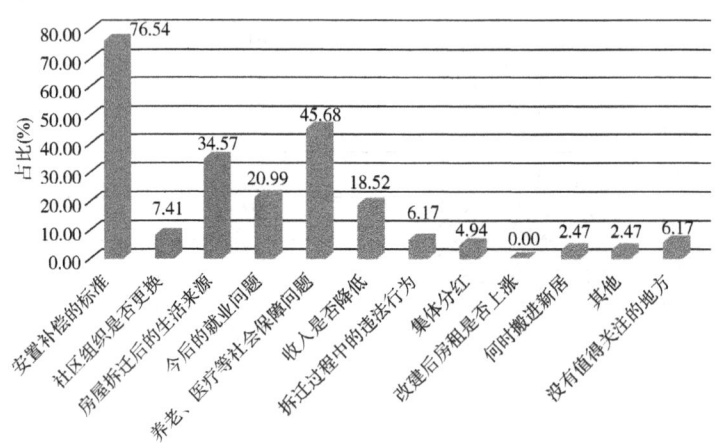

图4-12 失地农民对于社区改造所关注的问题

(三)"您希望社区组织能解决哪些问题?(多选)"调查结果如图4-13所示。

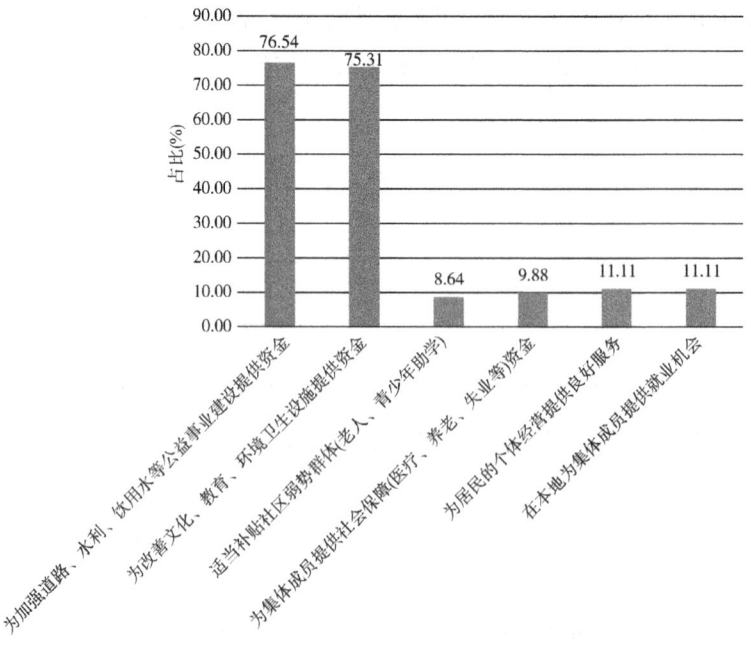

图4-13 失地农民希望社区解决的问题

（四）"您所在社区组织对于本社区内因自然灾害、意外事故或重大疾病等发生困难而无力自救的贫困成员是否提供了一定救助？"

调查结果如图4-14所示。

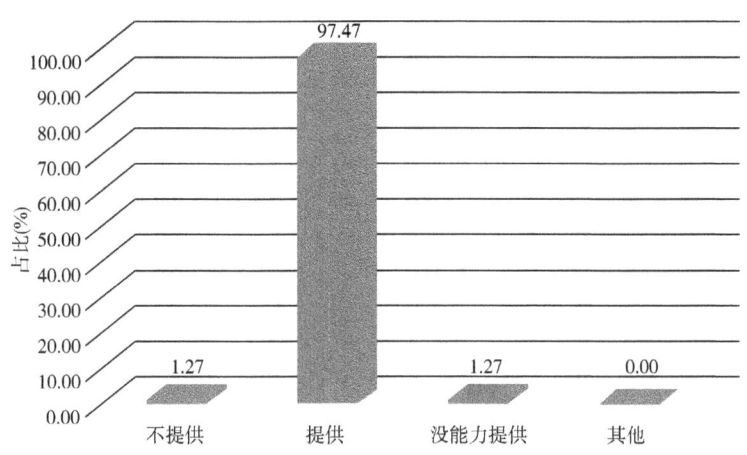

图4-14 失地农民聚居社区是否提供救助

（五）"您认为基层政府对您社区集体经济组织行使职能（如决定征地补偿分配方案、管理集体财产、招商引资等）有无不当干预？"

调查结果如图4-15所示。

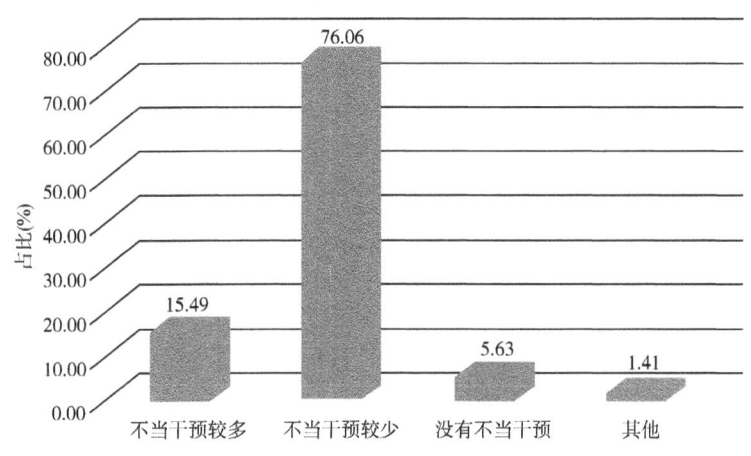

图4-15 基层政府对社区组织行使集体经济职能有无不当干预

（六）"据您所知，您所在社区组织主要有哪些财产？（多选）"
调查结果如图4-16所示。

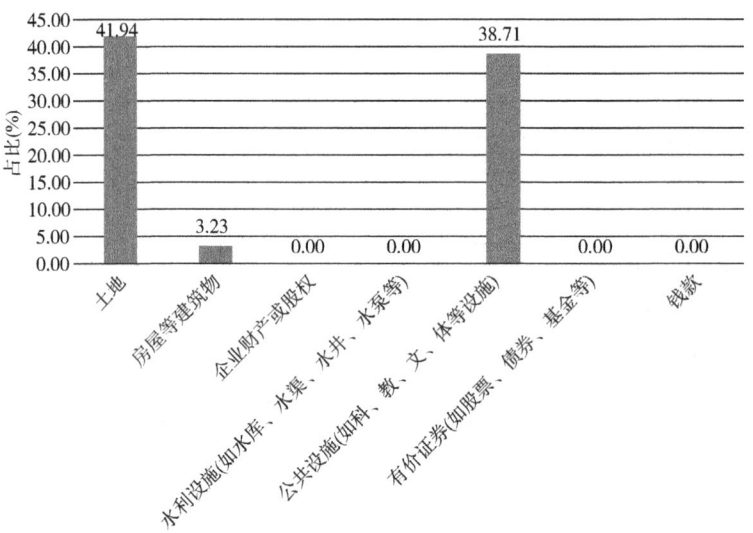

图4-16 失地农民社区有哪些资产

（七）"您所在社区组织有无不良债务？"
调查结果如图4-17所示。

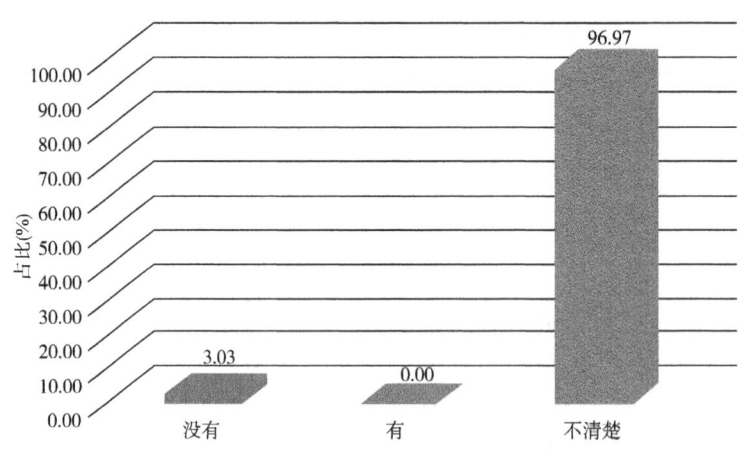

图4-17 失地农民社区有无不良债务

(八)"社区的问题是不是都是由社区委员会说的算?"

调查结果如图 4-18 所示。

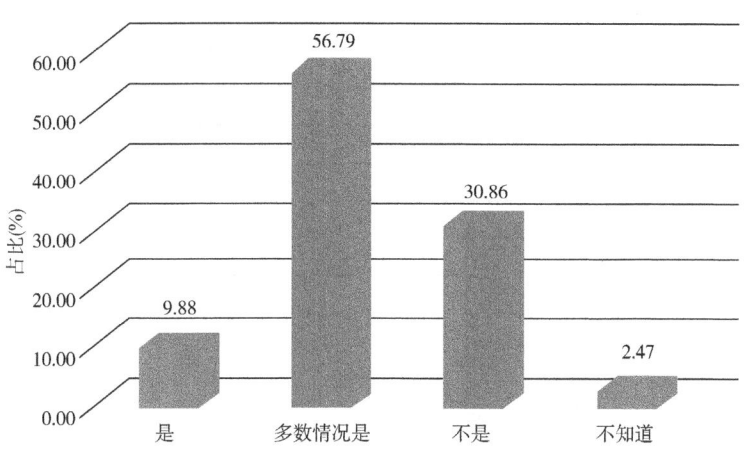

图 4-18 失地农民社区的问题是不是都是由社区委员会说的算

(九)"您对目前社区政务公开情况满意吗?"

调查结果如图 4-19 所示。

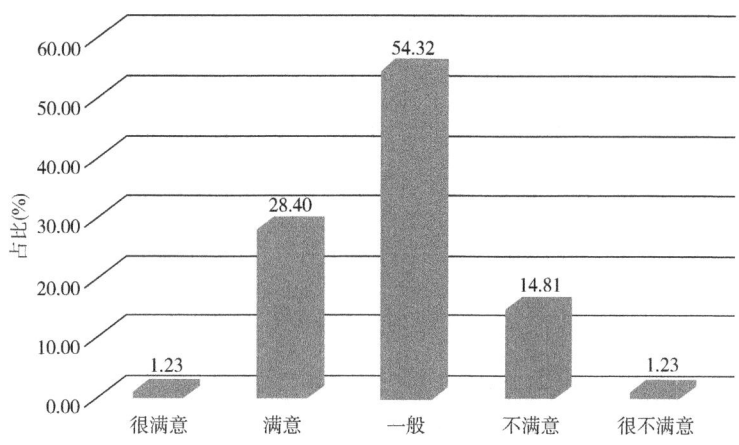

图 4-19 失地农民对社区政务公开情况满意程度

（十）"当您遇到社区干部的违法行为，您一般采取什么态度？"调查结果如图 4-20 所示。

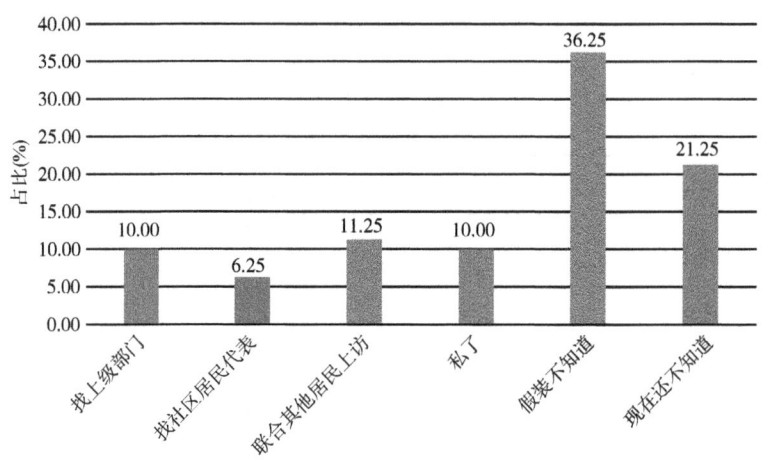

图 4-20　失地农民对社区干部违法行为的态度

（十一）"当您遇到社区干部对您不公正的待遇时，您会怎样解决？（多选）"

调查结果如图 4-21 所示。

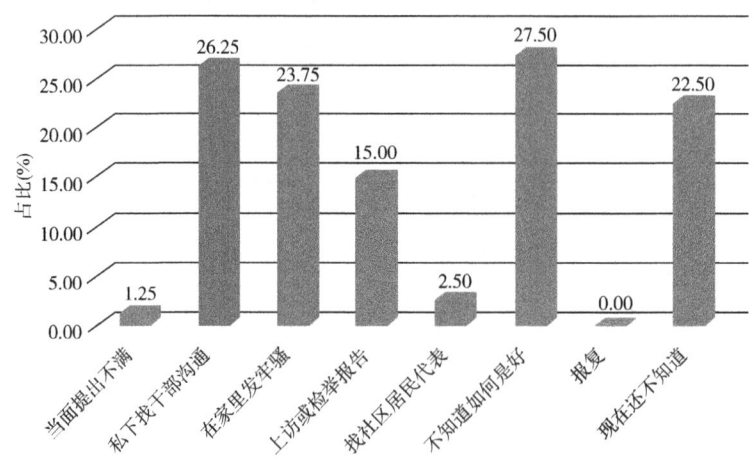

图 4-21　失地农民对待不公正待遇

(十二)"与被征地前相比,社区组织的权力是大还是小?"调查结果如图4-22所示。

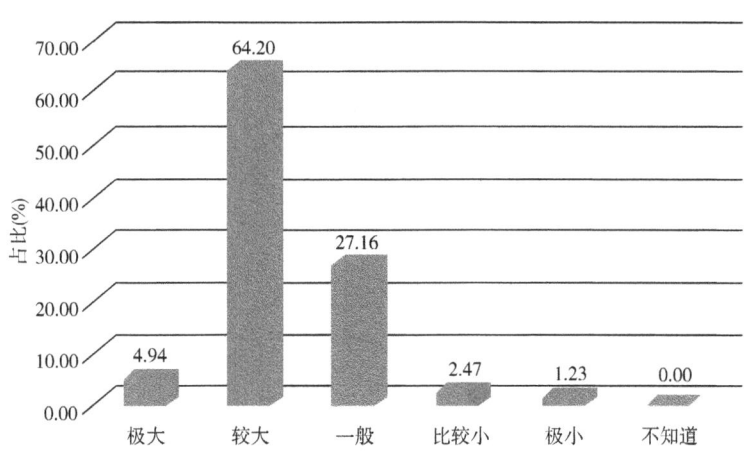

图4-22 征地前后社区组织权利比较

(十三)"您觉得您对社区的重大事务有决策参与权吗?"调查结果如图4-23所示。

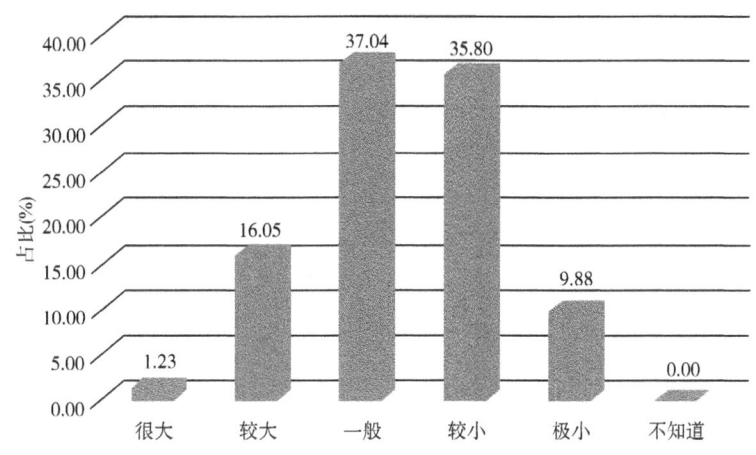

图4-23 失地农民对社区重大事务的参与权

(十四)"您觉得社区群众对社区干部的监督效果如何?"调查结果如图4-24所示。

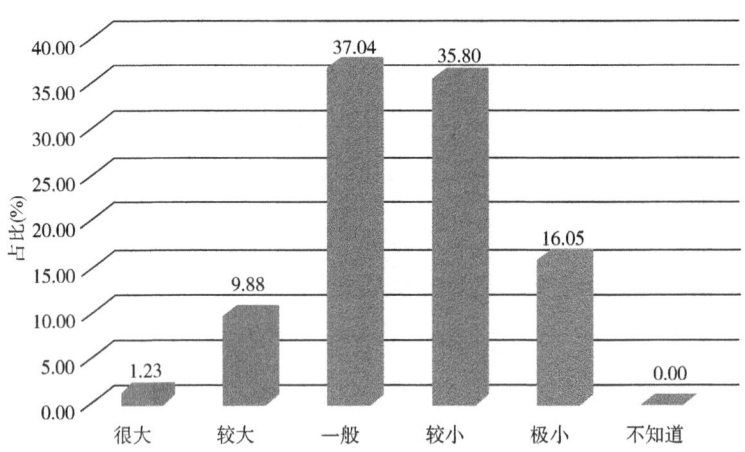

图4-24 失地农民对社区干部监督效果

(十五)"你们社区的社区干部通常以何种方式来决定村里的重大事情?"调查结果如图4-25所示。

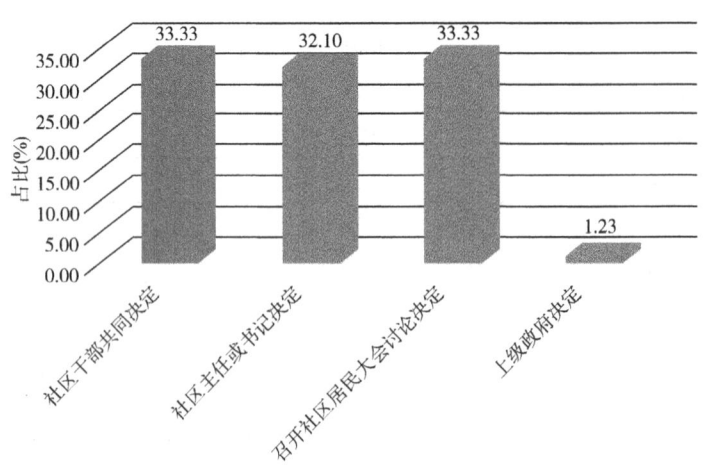

图4-25 失地农民社区重大事情决定方式

(十六)"如果社区组织带领大家干一件事,您会不会参加?"

调查结果如图4-26所示。

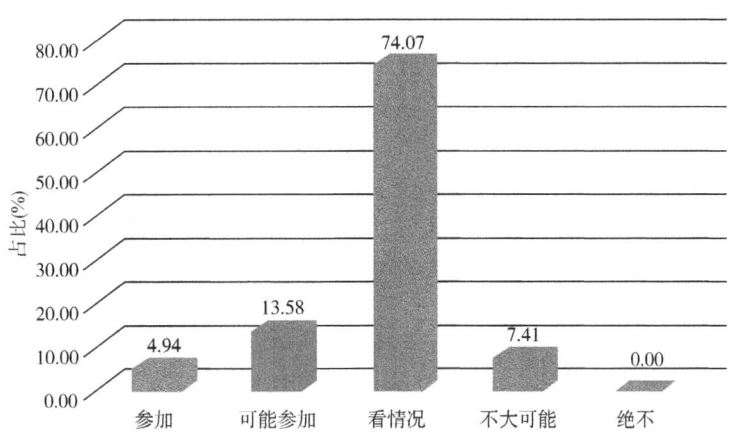

图4-26 失地农民参与社区活动的意愿

(十七)"您最想选谁当社区领导?"

调查结果如图4-27所示。

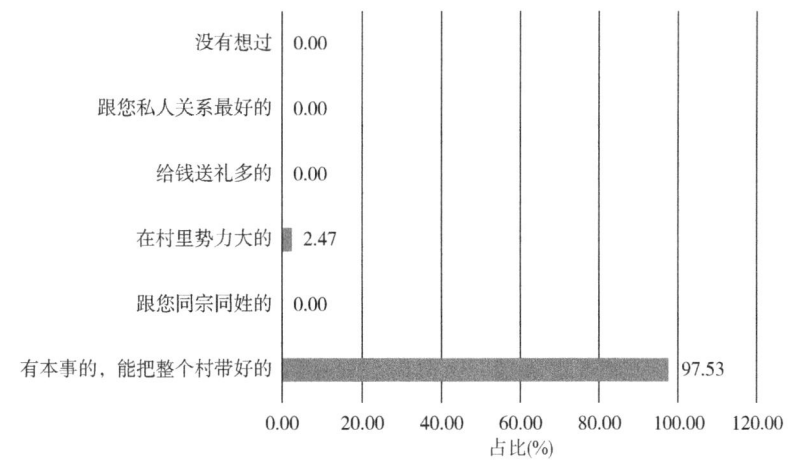

图4-27 失地农民偏好的社区领导类型

（十八）"您对社区领导人员的最大期望是什么？"

调查结果如图4-28所示。

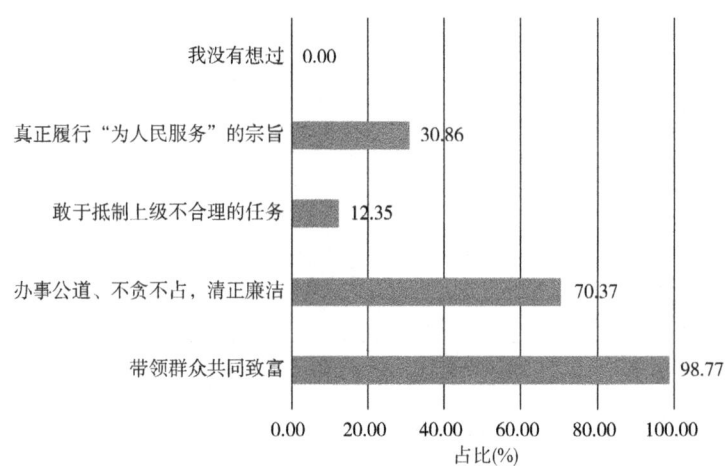

图4-28 失地农民对社区干部的期望

（十九）"您觉得目前社区领导人员的能力如何？"

调查结果如图4-29所示。

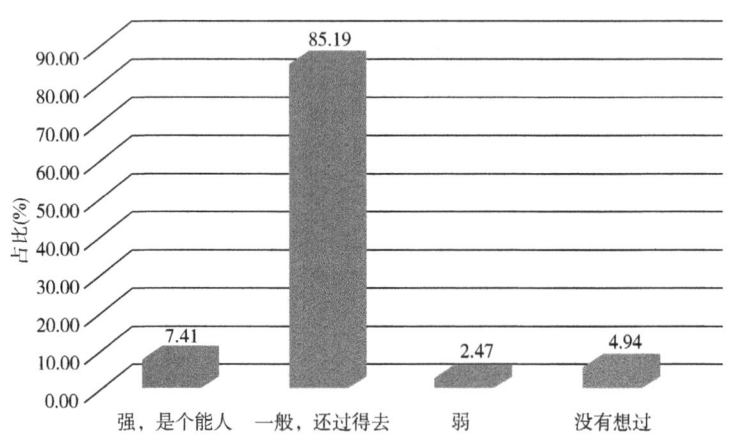

图4-29 失地农民对社区领导人员能力的评价

第四节 调查中发现的问题

通过调查,课题组发现失地农民生存现状及其聚居社区中存在问题,这些问题表征出失地农民的诉求,这些诉求能否得到满足关系到失地农民这一群体的福利水平及其发展。存在的问题的包括如下几个方面。

一、失地农民被征地意愿低

三个村子失地农民的被征地自愿度如图4-30所示。

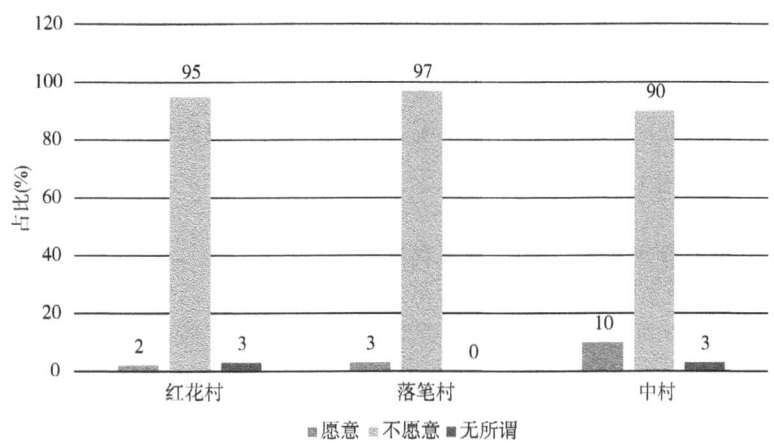

图4-30 失地农民被征地自愿度

课题组通过访谈了解了失地农民消极对待征地的原因。首先,失地农民失去了一直作为其生活保障的土地,而补偿金与他们对土地价值的估计差别较大,不情愿自然是可以理解;其次,失地农民囿于较低的自身文化素质及较少的职业技能,职业选择空间狭小,又不具备创业的条件和能力,对失地后的生存感到迷茫,甚至恐惧。

二、失地农民就业情况不乐观

在城市化进程中,失地农民如果养家糊口,也就遑论个人的全面发展。就业也是失地农民融入城市,不断强化对新身份认同的手段,然而,从全国范围来看,失地农民的就业并不乐观,是亟待解决的问题。课题组的调查显示,9.88%的失地农民是正规就业,75.31%是非正规的就业,1.23%失地以后从未就业,9.88%创业,还有3.70%经营农业——这些被调查者被征用了大部分土地,由于暂时没有找到更好的谋生手段,只能继续经营农业,然而规模很小。

就业情况不乐观的原因,一方面是主观的——失地农民缺乏技能,占83.95%,文化水平低,占75.31%。被调查者的受教育程度,6.7%的是小学及以下,84.7%的是初中,4.3%的是高中及中专,4.3%的是大专及以上。另一方面是客观的——就业渠道不畅,75.31%的失地农民自谋生路,而政府安置及中介介绍工作的仅占5.94%。

三、家庭收入有限,且自身福利感受较弱

月收入在3 500元以下的被调查农户占71.61%,按每户4人计算,被调查农民70%以上月均收入不到900元。如果说收入并不能真实反映福利感受,那么通过调查失地农民对生活的满意程度,发现71.60%的农户对生活一般满意,19.75%的农户对生活不太满意,55.56%认为生活水平处于中等水平,37.04%的农户认为生活水平处于中等偏下。可以看出,失地后农民的收入有限,并且福利感较弱。

四、失地农民贷款意愿低、门槛高

调查发现,68.44%的被调查者不愿通过商业贷款来创业或者是扩大经营,类似地,62.96%的被调查者不愿申请政府小额贷款。其原因是商业贷款利息太高,而农户的经营收入有限,无法承担。不愿意接受政府贷款创业的农民是由于生活缺乏保障,尽管政府贷款利息相比商业贷款较低,可农民害

怕借了政府的钱还不了，被追究法律责任。愿意接受政府贷款的人群中，很多却不知道贷款的流程，还有一部分人是不知道政府提供小额贷款。即便主动要求政府对其贷款的，也未必一定会获得贷款，对于一些失地农户，政府或商业银行害怕贷款变成呆账、死账而拒绝其申请贷款。

五、失地农户动用社会资源的意识薄弱

对于"有困难时，您首先想到要寻求谁的帮助？"64.20%的被调查者回答"亲戚"，61.73%的被调查者回答"朋友"，还有64.20%选择自己解决，只有2.47%选择社区居民代表，4.94%选择社区组织，11.11%选择政府。可能的原因是：一方面，失地农民可动用的社会资源比较匮乏，（失地后）身份认同感尚模糊；另一方面，也反映出他们得到的社会支持较少，社会保障较弱。

六、失地农民社区公共设施、人居条件有待改善

对于"您觉得在现在的社区居住有哪些不便？（多选）"48.15%的被调查者选择买菜、购物（不便）；对于"您希望社区组织能解决哪些问题？（多选）"76.54%的人选择为加强道路、水利、饮用水等公益事业建设提供资金，75.31%的人选择为改善文化、教育、环境卫生设施提供资金。

七、失地农民的政治权利未得到保障

失地农民的选举权、知情权、参政议政权以及对社区干部的监督权没有得到保障。课题组发现三个村子在选举社区干部过程中都存在拉票的现象——在选举前期，候选人会到自认为能争取到的村民家里进行商谈，通过许诺给村民好处的方式拉票，要求失地农民在选举的时候选自己。经访谈了解到，失地农民对于这种现象已经默认，认为如果不收某个候选人的好处，到最后社区干部也还是由其他拉票的候选人当选，而自己却失去了好处。失地农民由于自身文化素质低，自知不能领导社区，自己是不可能当选的，如果将自己的选票投给对其承诺一定好处的候选人，自己可以获得收益，也没

失去什么。对于为什么候选人愿意通过承诺好处来拉票争取当选社区干部呢，当选后将获得什么利益，村民认为，他们当选以后可以通过卖地来获取收益，有80%的失地农民认为，如果是本社区的土地被公共建设征用，社区干部就可以从中捞到好处；如果是私人承包本社区的土地，从承包者那里同样可以得到一定的好处。由此不妨假设，失地农民聚居社区干部通过（承诺好处）来拉票，而当选后得到的好处要比其付出的成本大。或可以推断，他们竞选的初衷并不是带领乡里乡亲过上幸福生活，更多的是为自己谋私利。

对于"您所在社区组织有无不良债务？"96.96%的被调查者回答不清楚。"您对目前社区公政务公开情况满意吗？"54.32%的被调查者选择一般，还有14.81%选择不满意。"社区的问题是不是都是由社区委员会说的算？"56.79%的被调查者选择了多数情况是，对于"你们社区的社区干部通常以何种方式来决定村里的重大事情？"65.43%的被调查者选择了非集体决定的方式——33.33%的被调查者选择社区干部共同决定，32.10%选择社区主任或书记决定。"您觉得您对社区的重大事务有决策参与权吗？"37.04%的被调查者选择一般，35.80%选择较小，选择很小的有9.88%，而选择很大的仅有1.23%。"您觉得社区群众对社区干部的监督效果如何？"37.04%的被调查者选择一般，35.80%选择较小。

八、失地农民的维权意识及法律观念较弱

对于"当您遇到社区干部对您不公正的待遇时，您会怎样解决？"27.50%的被调查者选择不知道如何是好，23.75%选择在家里发牢骚，26.25%选择私下找干部沟通，仅有2.50%选择找社区居民代表。对于"当您遇到社区干部的违法行为，您一般采取什么态度？"36.25%选择假装不知道，10%选择私了，而选择找社区居民代表的为6.25%，选择找上级部门的占10%，还有11.25%选择联合其他居民上访。

笔者认为，失地农民的维权意识及法律观念较弱，一方面是失地农民自身文化水平不高造成的；另一方面，是由于失地社区组织的民主建设不够完善，失地农民相对社区干部还是弱势群体，再加上普法宣传不到位，失地农

第四章 失地农民的诉求：来自三亚3个村落的事实

民选择了多一事不如少一事。

第五节 失地农民的诉求
——基于阿马蒂亚·森的发展理念

本节要回答的问题是，从失地农民的生存现状和其聚居社区存在的问题中，我们可以识别出这一群体的哪些诉求？我们必须为这一问题的回答寻找一个讨论框架及理论支撑。如果我们说失地农民的收入及生活水平低，所以这一群体的诉求是提高收入和生活水平，那么我们的讨论将毫无意义。因为，如果我们能列出一个很长的人类诉求清单，其中提高收入和生活水平一定排在清单前列——绝大部分个体都将其视为基本诉求。因此，提高收入和生活水平这一诉求，并不能体现失地农民群体的特征。

不妨把视线聚焦在发展这个问题上，以一种发展理念界定我们的讨论框架，以该发展理念的价值判断作为失地农民群体诉求分析的理论支撑，再以我们所掌握的关于这一群体的事实，来检验该发展理念的价值判断是否与这一群体的诉求相吻合。

阿马蒂亚·森的"发展可以看作是扩展人们享有的真实自由的一个过程"[①]的思想提供给我们一个分析失地农民诉求的框架，阿马蒂亚·森从"工具性"视角定义的5种不同形式的自由——政治自由、经济条件、社会机会、透明性保证、防护性保障及它们之间的互补性——为我们分析失地农民诉求提供了理论支撑，当然，我们掌握的关于失地农民的事实将检验诉求是否具有互补性。

毫无疑问，三亚学院周边地区的失地农民，缺乏经济条件[②]——就业困难导致的生活水平低。这是不是全国范围内这一群体的普遍特征呢？不少文献指出失地农民相对失地前生活水平下降。早在2003年，国家统计局农村社会

---

① 阿马蒂亚·森．以自由看待发展［M］．任赜，于真，译．北京：中国人民大学出版社，2013：3。
② 阿马蒂亚·森指的是个人分别享有的为了消费、生产、交换的目的而运用其经济资源的机会。

经济调查总队的调查表明，46%的失地农户收入水平下降，同是2003年，九三学社的一项关于失地农民问题的调查表明，60%的失地农民生活处于十分困难的境地。朱冬梅、方纲①及李飞、钟涨宝②均基于实证研究得出结论——失地农民收入下降、失业率高。然而，也有部分学者实证肯定了失地农民在城市化进程中，其收入水平和生活质量会较之前得到显著改善③。于宏、周升起④更是利用计量模型识别了不同因素（性别、年龄、教育程度、失地时间、人力资本、社会资本、土地制度、社会保障制度、补偿制度）对异质性农民⑤的生活水平的影响。必须注意到，土地是农民的生存保障，如果征地补偿、就业安置、职业培训、养老保障等制度安排不能消除失地农民的被剥夺感并使他们建立对未来生活的乐观预期的话。那么征地将是对农民经济条件的一种剥夺（土地的使用权及收益权）。由征地引发的侵农以及伴随的纠纷、冲突已经成为构建和谐社会不可回避的问题，对此，党中央、国务院发布了《关于完善产权保护制度依法保护产权的意见》，指出"必须加快完善产权保护制度，依法有效保护各种所有制经济组织和公民财产权，增强人民群众财产和财富安全感，增强社会信心，形成良好预期，增强各类经济主体创业创新动力，维护社会公平正义，保持经济社会持续健康发展和国家长治久安……完善土地、房屋等财产征收征用法律制度，合理界定征收征用适用的公共利益范围，不将公共利益扩大化，细化、规范征收征用法定权限和程序。遵循及时合理补偿原则，完善国家补偿制度，进一步明确补偿的范围、形式和标准，

---

① 朱冬梅，方纲. 城郊失地农民就业意向、就业选择与社会支持网研究——以成都市龙泉驿区、郫县、都江堰市为例 [J]. 城市发展研究，2008（1）.

② 李飞，钟涨宝. 人力资本、社会资本与失地农民的职业获得——基于江苏省扬州市两个失地农民社区的调查 [J]. 中国农村观察，2010（6）.

③ 吴丽，吴次芳. 杭州经济技术开发区失地农民生活质量指数评价及影响因素研究 [J]. 中国土地科学，2009（4）.

叶继红. 失地农民职业发展状况、影响因素与支持体系建构 [J]. 浙江社会科学，2014（8）.

④ 于宏，周升起. 城市化是否提高了失地农民的生活水平——基于失地农民异质性视角下的实证分析 [J]. 经济管理，2016（1）.

⑤ 即被动失去全部农用地的法律主体、被动失去部分农用地的法律主体、主动失去全部农用地的法律主体以及主动失去部分农用地的法律主体4种类型（黄建伟，2009）。

第四章 失地农民的诉求：来自三亚3个村落的事实

给予被征收征用者公平合理补偿"①。

阿马蒂亚·森论述到，"无论一个经济体运行得多么好，总会有一些人由于物质条件发生了对他们生活不利的变化，而处于受到损害的边缘或实际上落入贫苦的境地。需要有防护性保障来提供社会安全网，以防止受到影响的人遭受深重痛苦，甚至在某些情况下挨饿以至死亡"②。调查中我们发现，在遇到困难时，只有16.05%的被调查者寻求组织或政府的帮助，可能的原因是：一方面，失地农民可动用的社会资源比较匮乏，（失地后）身份认同感尚模糊；另一方面，也反映出他们得到的社会支持较少，社会保障较弱。失地农民的社会保障是共享发展的应有之义，而失地农民生存现状与共享发展理念不相符已成为共享发展的羁绊③。征地使得农民失去了赖以生存的保障，对其的保障主要有征地补偿、就业保障、养老保障，然而从全国范围来看，补偿标准并不合理。按照《中华人民共和国土地管理法》相关规定，土地补偿费以征地前三年年均收益的固定倍数为限，未考虑土地征用后的增值，没有顾及农民继续经营土地的长期收益权，补偿资金分配不合理，补偿操作中存在不规范，就业保障仅限于就业安置，安置的职位不能匹配失地农民的可行能力，职业发展的长效机制尚未建立，失地农民养老保障全国无统一制度，资金筹措普遍采取"政府拿一点、集体补一点、农民出一点"的模糊原则。调查中发现，仅有9.88%的失地农民对于"您希望社区组织能解决哪些问题？（可多选）"选择"希望社区组织为集体成员提供社会保障（医疗、养老、失业）资金"，这一结果并不意味着失地农民的社会保障基本得到满足，因为76.54%的被调查者选择"为加强道路、水利、饮用水等公益事业建设提供资金"，75.31%的被调查者选择"为改善文化、教育、环境卫生设施提供资金"，这显示出被调查的失地农民的基本公共服务需求尚未得到满足。被调查的失地农民对"如果今后社

---

① 中共中央、国务院关于完善产权保护制度依法保护产权的意见，2016年11月4日。
② 阿马蒂亚·森.以自由看待发展[M].任赜，于真，译.北京：中国人民大学出版社，2009：33.
③ 邵彦敏，陈肖舒.共享发展与失地农民社会保障[J].学习与探索，2017（2）.

区进行改造,作为居民,您最关注的问题是(可多选)"的回答证实了我们的看法:45.68%的失地农民选"养老、医疗等社会保障问题",排在了75.64%的"安置补偿的标准"之后。

阿马蒂亚·森定义的透明性保证"所涉及的,是满足人们公开性的需要:在保证信息公开和明晰的条件下自由地交易……透明性保证(包括知情权)因此构成工具性自由的一个重要范畴。这种保证对防止腐败、财务渎职和私下交易所起的工具性作用是一目了然的"①。显而易见,三亚学院周边地区的失地农民缺乏透明性保证,对于"您所在社区组织有无不良债务?"96.96%的被调查者回答不清楚。对于"您对目前社区政务公开情况满意吗?"54.32%的被调查则选择一般,还有14.81%选择不满意。

我们在本章第三节中,描述了被调查失地农民的政治权利——选举权、决策参与权、对领导干部监督权——没有得到充分保障,失地农民甚至放弃了选举权,这里不再赘述。

论述失地农民政治权利的文献极少,"在工业化和城市化进程中,农民失地,失去的不仅是土地本身,还包括一系列的权力和利益……政治权利的剥夺性丧失"②,该文明确指出失地农民丧失政治权利,然而,没有界定政治权利的形式。魏建则明确指出"农民的基层政治权益建立在村民身份基础上,通过村民自治来实现"③。

最后,我们讨论阿马蒂亚·森的社会机会,它指的是"在社会教育、医疗保健及其他方面所实行的安排,它们影响个人赖以享受更好生活的实质自由"④。农民受教育程度低是一个老生常谈的话题了,在我们的调查中,失地农民对教育的需求展示的并不清晰,这体现在两个问题的调查结果上:一是对于"您觉得在现在的社区居住有哪些不便?(多选)"选择"子女入学"的被调查者占比8.64%,排名10个选项的第7位,然而,被调查的村落距最近

---

① 阿马蒂亚·森. 以自由看待发展 [M]. 任赜, 于真, 译. 北京: 中国人民大学出版社, 2009: 32.
② 赵曼, 张广科. 失地农民可持续生计及其制度需求 [J]. 财政研究, 2009 (8).
③ 魏建. 嵌入和争夺下的权利破碎: 失地农民权益的保护 [J]. 法学论坛, 2010 (6).
④ 阿马蒂亚·森. 以自由看待发展 [M]. 任赜, 于真, 译. 北京: 中国人民大学出版社, 2009: 32.

第四章 失地农民的诉求：来自三亚 3 个村落的事实

的一所中学的平均距离达到 5 公里，我们推断，要么是被调查的失地农民的其他生活不便远远超出了受教育的不便，要么就是被调查的失地农民将受教育排在了诉求清单的后部；二是对于"您希望社区组织能解决哪些问题？（可多选）"75.31%的被调查者选择"为改善文化、教育、环境卫生设施提供资金"，这个结果跟第一个相左。然而，一个问题的调查结果可以清晰地显示出被调查的失地农民的受教育水平低，这就是解释了"当您遇到社区干部的违法行为，您一般采取什么态度？"36.25%选择假装不知道，10%选择私了，两个选项之和，超过了选择找社区居民代表、选择找上级部门、选择联合其他居民上访三个选项之和。从全国范围来看，我国部分地区已经开展了失地农民教育、培训工作，取得了一些成绩。例如，浙江衢州成立了教育培训中心，四川达州创新了教育培训方式，宁夏银川制定了教育培训专项政策，河南郑州开展了"引导性＋技能性"培训。① 然而也存在一些问题：一是教育培训组织管理机制不健全；二是教育培训欠缺有力的经费保障机制；三是教育培训主体机制单一；四是教育培训内容及方式的更新机制不完善；五是教育培训缺乏宣传机制②。

我们归纳失地农民的诉求有如下几个方面。

第一，不因征地导致生活水平下降。很显然，由一种生产（生活）方式（被动地）转向另一种生产（生活）方式，最低要求是维持原有生产（生活）方式的生活水平，否则主体将感受到强烈的被剥夺感。

第二，拥有基本的社会保障从而保持生命的基本尊严。2012 年十七省地权调查报告显示："很多被征地的农民失去了他们主要的生产资料，而且也缺乏去城里打工的机会或技能，所以如何使他们的长远生计有保障将是中国征地制度改革不能回避的问题"③。社会保障关乎生命的基本尊严，如何使失地农民长远生计有保障，无疑是牵动失地农民的一个重大问题，因而也是一个

---

① 崔铭香，高志敏. 市化进程中失地农民的教育培训考［J］. 职业技术教育，2009（16）.
② 贺俊杰，聂庆艳. 我国城市化进程中失地农民教育培训机制探析［J］. 成人教育，2015（7）.
③ 朱可亮，罗伊·普罗斯特曼，杰夫·瑞丁格，叶剑平，汪汇. 中国十七省地权调查［J］. 新世纪，2012（5）.

重要的利益诉求。

第三，政治权利得到保障。我们将阿马蒂亚·森的透明性保证和政治自由合并组成政治权利，它涵盖选举权、知情权、决策参与权、监督权，其中选举权为权利内核，只有保障选举权充分实现，才能培育决策参与权和监督权的权利主体，而知情权是其他三项权利得以保障的必要条件。

第四，受教育与培训。教育与培训这种社会机会，对于失地农民这一弱势群体的意义不言而喻。通过教育培训的方式，不仅可以转变失地农民传统的思想意识，提高他们的知识与技能，帮助他们快速适应激烈的市场竞争，为他们再就业或创业奠定良好的基础，而且对促进我国城市化的发展、社会的和谐稳定具有重要的意义。失地农民教育培训是帮助失地农民实现可持续发展重要途径之一①。

上述4个方面诉求不是孤立的，它们相互补充。毫无疑问，对生活水平的诉求是基本的，如何回应这个诉求呢？就业显然是重要的形式，对于失去赖以生存的土地的农民来说，解决就业，是维持生活水平的前提条件。然而，对于文化水平低、职业技能少的这一群体来说，教育与培训，又显得至关重要——教育与培训提高就业能力，进而提高生活水平。对老、弱、病、少这类失地农民的养老、医疗、帮扶、助学这些社会保障，将增进失地农民群体的身份认同，促使其积极主动适应新职业、新生活方式。失地农民对政治权利的诉求，标志着这一群体公民观的形成及加深，将巩固失地农民业已形成的经济基础，并给予他们拓展能力的空间。

第六节　组织建设是否影响失地农民的福利感受

我们观察三个村落失地农民家庭收入数据，发现红花村失地农户收入水平低于其他两个村落失地农户，如表4-1所示。

---

① 阿马蒂亚·森.以自由看待发展［M］.任赜，于真，译.北京：中国人民大学出版社，2009.

第四章 失地农民的诉求：来自三亚3个村落的事实

表4-1 三个村落失地农户家庭收入

收入水平（元）	红花村（%）	落笔村（%）	中村（%）
1 500以下	17.1	4.8	0.0
1 500~2 500	9.8	19.0	5.3
2 500~3 500	51.2	42.9	57.9
3 500~5 000	21.9	28.6	26.3
5 000以上		4.7	10.5
平均值①（元）	2 835	3 190	3 539

然而收入并不能作为衡量福利水平的唯一尺度，因此，我们引入主观因素对生活水平进行判断，并且把中村（19户）和落笔村（21户）数据合并，与红花村（41户）数据对比分析，见表4-2。

表4-2 三个村落失地农户福利感受对比

生活水平满意度	红花村（%）	落笔村、中村（%）
很满意	0.0	2.5
比较满意	2.0	12.5
一般	66.0	77.0
不太满意	32.0	7.5
很不满意	0.0	0.0

显然，生活水平高于平均选项（一般）的比例，落笔村、中村（15%）要高于红花村（2%），生活水平低于平均选项（一般）的比例，落笔村、中村（7.5%）要低于红花村（32%）。我们判断，落笔村、中村失地农户福利感受要高于红花村失地农户。

我们想进一步了解失地农户福利感受与聚居社区的组织建设之间的关联，因此针对社区组织建设设计了5个问题。

---

① 对于月收入1 500元以下的家庭以1 000元作为平均数，5 000元以上的家庭以5 500元作为平均数。

Z1 当您遇到社区干部对您不公正的待遇时,您会怎样解决?

A. 当面提出不满 B. 私下找干部沟通 C. 在家里发牢骚 D. 上访或检举报告 E. 找社区居民代表 F. 不知道如何是好 G. 报复 H. 现在还不知道

Z2 当您遇到社区干部的违法行为,您一般采取什么态度?

A. 找上级部门 B. 找社区居民代表 C. 联合其他居民上访 D. 私了 E. 假装不知道 F. 现在还不知道

Z3 您对社区领导的最大期望是什么?

A. 带领群众共同致富 B. 办事公道、不贪不占,清正廉洁 C. 敢于抵制上级不合理的任务 D. 真正履行"为人民服务"的宗旨 E. 我没有想过

Z4 您觉得您对社区的重大事务有决策参与权吗?

A. 很大 B. 较大 C. 一般 D. 较小 E. 极小 F. 不知道

Z5 您觉得社区群众对社区干部的监督效果如何?

A. 很大 B. 较大 C. 一般 D. 较小 E. 极小 F. 不知道

Z1、Z2是组织建设的个体基础调查,了解构成组织的个体的维权意识、正义感及法制观念,Z3旨在了解个体对领导人的期望,Z4、Z5从个体政治参与、民主监督方面调查组织建设特征。

两组样本维权意识对比结果见表4-3。

表4-3 失地农户维权意识对比

Z1	红花村(39个有效数据)(%)	落笔村、中村(37个有效数据)(%)
A	0.00	2.70
B	25.64	29.73
C	30.77	16.22
D	15.38	18.92
E	5.13	0.00
F	12.82	29.73
G	0.00	0.00
H	0.00	

第四章 失地农民的诉求：来自三亚3个村落的事实

在F选项上，落笔村、中村和红花村的差异最大，C选项差异居次。对F选项差异的解释是，从统计学意义上看，落笔村、中村居民遇到村干部不公正待遇的概率小于红花村居民；对C选项差异的解释是，从统计学意义上看，红花村居民遇到不公正待遇的反应倾向于忍耐，而落笔村、中村居民倾向于维权。综合两方面的差异，推断落笔村、中村居民较红花村居民有更强的个体维权意识及较高的组织地位。

两组样本对正义感及法制观念的对比见表4-4。

表4-4 失地农民正义感、法制观念对比

Z2	红花村（40个有效数据）(%)	落笔村、中村（38个有效数据）(%)
A	15.0	5.3
B	10.0	2.6
C	7.5	15.8
D	7.5	5.3
E	40.0	55.3
F	20.0	15.8

在E选项上，落笔村、中村和红花村的差异最大，A选项次之。E、A选项的差异联合显示了一种可能情况——红花村居民较落笔村、中村居民更具法律意识及正义感——因为红花村的被调查者倾向于反制村干部的违法行为，而落笔村、中村的被调查者倾向于漠视。

两组样本对领导人员期望的对比见表4-5。

表4-5 失地农户对领导人员期望的对比

Z3	红花村（40个有效数据）(%)	落笔村、中村（40个有效数据）(%)
A	97.5	100
B	70.0	70.0
C	20.0	5.0
D	20.0	40.0
E	0.0	0.0

红花村和落笔村、中村在领导人员期望上D选项差异最大，我们推断落笔村、中村居民对我党的宗旨了解程度较红花村居民深；C选项差异次之，由于红花村和落笔村、中村归属相同区级政府管辖，上级政府安排的任务不会有明显区别，因此，对领导人员期望上的差异隐含着组织在政策宣传上的差异。

两组样本政治参与的对比见表4-6。

表4-6 失地农户政治参与的对比

Z4	红花村（41个有效数据）（%）	落笔村、中村（40个有效数据）（%）
A	2.4	0.0
B	14.6	17.5
C	39.0	35.0
D	29.3	42.5
E	14.6	5.0

政治参与的对比令人迷惑，在两极选项（政治参与度最高和政治参与度最低），红花村都较落笔村、中村有较高的比例，且最负面评价红花村比落笔村、中村高9.6%，位居差异第二位，差异最大选项是次负面评价，然而是落笔村、中村比红花村高13.20%。我们推断，红花村政治参与范围较广，但在重大事项上，普通村民的决定权不大，而落笔村、中村的个体有较高的参与起点，也形成了较强的政治参与观念，因此他们对政治参与的要求更高。

两组样本的民主监督对比见表4-7。

表4-7 失地农户民主监督的对比

Z5	红花村（41个有效数据）（%）	落笔村、中村（40个有效数据）（%）
A	0.0	2.5
B	14.6	5.0
C	39.0	35.0
D	34.1	37.5
E	12.2	20.0

第四章 失地农民的诉求：来自三亚3个村落的事实

显然，红花村的民主监督要好于落笔村、中村的民主监督，但程度较小，和Z4的对比相反，在两极选项（民主监督最高和民主监督最低），落笔村、中村较红花村有较高的比例，差异最大出现在次正面评价。也可做和Z4对比类似的推测，落笔村、中村村民个体具备了较高的民主监督水平，形成了对民主监督的更高要求。

红花村失地农民的福利感受要低于落笔村、中村失地农民。从5个维度上的对比——维权意识、正义感及法制观念、对领导人员期望、政治参与、民主监督——推测落笔村、中村的个体组织地位、政策宣传、政治参与及民主监督的标准都要高于红花村。基于上述推测，失地农民的福利感受对失地社区组织建设产生正向影响，社区组织的政治基础决定了社区组织的经济建设、文化建设，进而影响失地农民的福利水平。

社区组织建设必须坚持党的领导，体现出人民当家做主的社会主义性质，社区组织的干部必须以全心全意为人民服务为宗旨，保障居民的参政议政权和监督权，将权力运行于阳光之下；引导失地农民学法、懂法、守法、敬法；构建学习型社区，建构社会主义核心价值观，提高文化水平，培育职业技能，以成年人就业保障青少年就学，以青少年就学夯实失地农民聚居社区永续发展的基础。

第五章　海南居民对收入、生活水平差距的容忍度
——基于三亚、昌江、陵水、临高的调查

第一节　调查的背景、目的及意义

"十二五"是海南经济社会发展至关重要的 5 年，也是国际旅游岛建设完成中期目标的 5 年。"十二五"期间，海南各项主要经济指标均保持较高的增长速度。其中，全省地区生产总值年均增长 9.5%，人均地区生产总值年均增长 8.4%，固定资产投资年均增长 22.8%，城镇常住居民人均可支配收入年均增长 11.6%，农村常住居民人均可支配收入年均增长 14.3%。[①] 5 年来，全省累计接待游客超过 2 亿人次，年均增长 11.7%；实现旅游总收入 2 210.74 亿元，年均增长 16.1%，旅游业增加值占地区生产总值比重达到 7.6%；"十二五"期间，海南共完成基础设施投资 2 824.7 亿元，是"十一五"时期的 2.4 倍；全省"田"字形高速主框架、"四方五港"格局基本形成，"南北东西、两干两支"机场布局加快推进。此外，西环高铁建成通车，全球首条环岛高铁贯通；总投资约 11.3 亿元的博鳌机场建成通航，建设周期不到 10 个月；昌江核电 1、2 号机组相继投产发电，乐东西南部电厂并网运营，电力紧缺问题成为历史。"光网岛""智慧岛"工程全面展开，信息基础设施建设水平进一步提高。[②] 坚持"小财政办好大民生"，每年财政支出的 70% 以上都用于改善民生，5 年累计支出 3 663.8 亿元，是"十一五"时期的 2.9 倍；5 年

[①] 梁振君，陈蔚林. 六大亮点彰显国际旅游岛建设成就［EB/OL］. http://news.eastday.com/eastday/13news/auto/news/china/20160325/u7ai5451992.html.

[②] 于宏，周升起. 城市化是否提高了失地农民的生活水平——基于失地农民异质性视角下的实证分析［J］. 经济管理，2016 (1).

第五章 海南居民对收入、生活水平差距的容忍度——基于三亚、昌江、陵水、临高的调查

来,海南保障房累计开建40余万套,建成近30万套,惠及近100万城乡群众,覆盖率达28%,覆盖面全国第一;率先全面实现城镇从业人员5项社会保险省级统筹,新农合参保和城镇居民社会养老保险分别比国家计划提早2年和1年实现全覆盖,参保率均高于全国指标。扩大重大疾病保障范围,使可报销的重大疾病达到22类,在一定程度上缓解了部分群众看病难、看病贵的问题;加大教育投入;加大对贫困失业人口的帮扶力度,减少农村贫困人口35.2万人。①

经济迅猛增长,社会事业稳步推进,彰显海南宏观形势向好。透过宏观,我们有必要把目光聚焦在个人及其家庭上,有必要去了解微观个体在增长洪流中对收入、生活水平的感受。这种必要性建立在一个浅显的道理上,无论在何种权衡增长和分配的发展策略的引领下,微观个体的收入、生活水平变化都不是同步的——渐进地抑或迅疾地,收入差距、生活水平差距都比较明显。收入差距也好,生活水平差距也好,不是洪水猛兽,而是微观个体中生活的一部分——视如芒刺抑或坦然面对。

然而,微观个体感受到的收入差距、生活水平差距以何种方式影响着他们对未来生活的预期呢?微观个体的预期以何种方式建构着群体心态呢?群体心态以何种方式作用于人类对客观世界的改造呢——"先有蛋还是先有鸡"这一因果困境显现出它对促进人类思辨能力及不同学科交叉融合的作用。

笔者于2011年开始思考经济高速增长时代人们对收入(生活水平)差距的识别及容忍问题,并于2013年发表了第一篇基于海南国际旅游岛建设北京的收入差距容忍度方面的文章——《研究海南社会对收入差距的容忍度的现实意义》;2014年、2015年、2016年,笔者指导并参与了学生所做的海南省四地居民收入差距容忍度调查。

调查的目的是形成一个对收入差距容忍度进行研究的框架:识别海南居民收入(生活水平)差距现状和对其容忍程度现状,推测并加以证实容忍程

---

① 梁振君,陈蔚林. 六大亮点彰显国际旅游岛建设成就[EB/OL]. http://news.eastday.com/eastday/13news/auto/news/china/20160325/u7ai5451992.html.

度的影响因素。

海南省建省晚，居民受教育程度及城市化水平较低。然而，岛内发展旅游产业的自然资源得天独厚，国际旅游岛建设赋予海南岛足够大的动力进行腾飞和赶超式发展。因此，海南省的社会发展为学者研究发展经济学提供了非常好的素材和样本。基于岛内案例，我们有必要分析一下收入差距的正负效应。

收入差距具有激励和示范效应，即先富者启发待富者，待富者利用后发优势追赶先富者。据琼南市县电视台"走基层——农民致富经"栏目报道，三亚市育才镇引导村民发展林下养殖业，林下养殖是指将家禽自然放养在林木下，扑食林下昆虫，家禽活动不受限制，运动量大，因此肉质鲜美、健康，同时家禽的粪便又可促进林木生长。育才镇村委为村民提供种禽，提供技术支持，建设特色示范基地，引领村民走共同富裕道路。董村民在自家橡胶林下养殖黑角鸡，年收入约30万元。其他村民看到董村民的致富经历，纷纷效仿，于是董村民和其他7户农民办起养殖合作社。保亭县众排村村民梁安强利用当地地广草茂的自然环境养殖山羊获得增收，村民也纷纷效仿，目前村中的7户居民平均养殖20只山羊，每户村民年均增收4 500元，村民们高兴地说"以后家家户户都养羊、发羊财"。

收入差距带来的负效应取决于收入差距是如何形成的。如果收入差距源于过程及分配不公正，则收入差距如同刺在收入落后者心中的剑，他们或将把对现状的不满转化成对社会的仇恨，或放弃改变现状的一切机会，造成贫者越贫的路径依赖。在国际旅游岛建设背景下的海南，还存在另一种收入差距的负效应，表现为收入差距的负效率。三亚的违法建筑一度畸形疯狂，有关资料表明，2008年前全市各类违建约100万平方米，大部分集中在鹿回头半岛。2009年，违建翻了一番，达到200多万平方米。但再过一年，在"铁锤行动"开始前，违建又翻了一番，达到了400万平方米。两大原因直接导致违建失控：其一，2010年海南建设国际旅游岛上升为国家战略后，地价与房价短时间内急速攀升，不法投机商认为海南有巨大的市场与利润空间；其二，一些村民与村干部法制观念淡薄，非法倒卖土地，将大量土地非法提供给外来"投资者"。2010年7月以来，三亚强势亮出拆违"铁锤行动"，1年

时间，三亚共拆除了 1 578 栋违法建筑，总面积 160 多万平方米，众多违建者损失惨重。如果收入差距源于资源的非效率配置，收入差距的负效率效应就体现为在收入差距缩小至拉大又至缩小的循环中，资源的非效率配置不断加深并达到极限，负效率最终得到纠正，伴随的是人们从负效率配置中积累的财富的耗散。

在经济起飞阶段，人们对收入差距的容忍度以及收入差距的成因共同决定了收入差距的效应。如果人们对形成于辛勤劳动和聪明才智的收入差距保持宽容的态度的话，他人的福利改善对自己来说是一种盼头，那么，人们会调高自己对未来生活水平的预期，即他人福利改善可提高自己的福利状况，社会呈现出进取向上的面貌，宽容的氛围将促进社会和谐发展。相反，分配不公引起的收入差距必然摧毁人们对收入差距的宽容，人们将不再对未来有所指望，以至于陷入贫而更贫的路径依赖之中。更有甚者，愈演愈烈的收入不公造成阶层分化、仇恨、冲突，直至引起社会动荡。

在建设国际旅游岛的背景下，研究海南居民及社会对收入差距的容忍度具有十分现实的意义。原因在于，岛内地理地貌的差异造成了东西部沿海及中部山区可供开发资源的差异，汉族居民和少数民族居民之间在传统、文化及受教育程度方面的差异导致了他们之间经济状况和经济地位的差异，由于拥有的信息、视野、经济资源、经济动机、既得经济利益不同，在原住民和移民之间也存在着经济状况和经济地位的差异。因此，在国际旅游岛建设进程中，岛内居民的收入增长将不会是同步的，社会发展的地区性不平衡也不可避免。如何将收入差距转化成社会激励，转化为人们对生活的盼头，一方面取决于政府如何制定政策来配置资源，另一方面依赖社会对收入差距的容忍度。

第二节　国内外研究现状

一、国外相关研究

国外对收入差距容忍度的研究最著名的是由美国经济学家阿尔伯特·赫

希曼和罗斯奇尔德于1973提出的"隧道效应"①。可以用这样的场景来刻画"隧道效应":一个同向双车道隧道的两条车道都堵得水泄不通——左车道某辆车的司机观察到,在他目之所及的范围内,所有车都停在原地一动不动。他的心情可想而知。然而一旦右侧车道的车开始移动,他的焦急心情自然会有所放松,因为他感知交通堵塞有所缓解,并预期他所在车道上的车很快也可以向前移动。然而,假设他的预期没有实现,即只有右车道的车在不断前进,那么他和左车道的所有其他"受难者"就会自然而然地怀疑他们遭受了不公平待遇。一旦这种怀疑酝酿到某个阶段,左车道的不少司机就会开始发怒,进而采取直接行动抵制这种显而易见的不公平,譬如穿越双黄线转到右车道去。阿尔伯特·赫希曼指出,"在经济高速发展的初期,各个阶层、行业和地区之间的收入分配差距会迅速拉大,但整个社会可能会对此持相当宽容的态度。一旦社会形成了这种容忍度,它就能安之若素地接纳日益加剧的收入不平等——因为人们认为收入差距最终会缩小,因此不断提高自己的容忍度。不过,这种容忍度就像贷款,总会有到期还款的那一天。一旦他们的期望落空,必然会引发诸多问题,甚至带来灾难"②。福利经济学对"隧道效应"的解释是,一个人的福利状况既取决于他对当前生活状态的评价,也取决于他对未来生活状态的预期——相比现在变得有多好(坏)。20世纪60年代,国外学者做了第一个和"隧道效应"相关的调查,通过对生活在巴西里约热内卢贫民窟的人们进行问卷调查得出结论:尽管这些巴西人生活水平相比于5年前没有显著改善,但他们并不否认工业化给他们带来的利益,因为他们观察到其他人就业机会的增长。发展中国家的经验数据也表明,在经济发展的早期阶段,收入分配的不平等程度会有所增加,但人们对以贫富差距扩大为表现的不平等程度的忍耐力是有限度的。

---

① Albert O H, Michael R. The changing tolerance for income inequality in the course of economic development [J]. The Quarterly Journal of Economics, 1993, 84 (4): 544-566.
② 阿尔伯特·赫希曼. 经济发展过程中收入不平等容忍度的变化 [J]. 刁琳琳, 译. 比较, 2010 (3).

二、国内相关研究

国内学者也对收入差距容忍度进行了一些研究。高发（2011）探讨了我国社会可容忍收入差距上限，他指出，弱势群体的生活水平和生活满意度、社会上升流动性、收入的正当性、嫉妒心理、平等观念是影响我国社会可容忍收入差距上限的因素。[①] 任远（2010）指出对收入差距不能只看差距本身，化解弱势群体的某种"被剥夺感"是维护社会稳定的重要基石。[②]

第三节 三亚80后收入差距容忍度调查

一、三亚经济和社会发展水平

2016年是三亚市"十三五"规划开局之年，"一年来，全市上下认真贯彻市委、市政府决策部署，牢固树立创新、协调、绿色、开放、共享五大发展理念，以供给侧结构性改革为主线，狠抓服务社会投资项目百日大行动，全力做好为民办十大实事，积极推进精准扶贫，全市经济总体保持平稳发展，城乡居民生活进一步改善，社会事业取得新进步"[③]。

三亚市2016年经济及社会发展水平情况见表5-1。

表5-1 2016年三亚市经济及社会发展水平概览

	三亚市		海南省	
	全年数	比上年增减（%）	全年数	比上年增减（%）
地区生产总值（万元）	4 755 567	7.8	40 445 100	7.5

---

① 高发. 我国社会可容忍收入差距上限估计及计算方法探讨 [J]. 现代财经, 2011 (1): 9-16.
② 任远. 对收入差距不能只看差距本身 [J]. 理论学习, 2010 (10): 52-53.
③ 三亚市发展和改革委员会. 关于三亚市2016年国民经济和社会发展计划执行情况与2017年国民经济和社会发展计划草案的报告 [EB/OL]. http://www.sanya.gov.cn/publicfiles/business/htmlfiles/mastersite/jrdt/201702/236256.html.

续表

	三亚市		海南省	
	全年数	比上年增减（%）	全年数	比上年增减（%）
规模以上工业增加值（万元）	152 629	10.0	4 418 200	2.6
固定资产投资额（万元）	7 830 871	10.9	37 470 251	11.7
房屋销售面积（万平方米）	151.53	35.2	1 508.53	43.4
社会消费品零售总额（万元）	1 980 837	9.0	14 537 157	9.7
旅游接待过夜人数（万人次）	1 651.57	10.4	4 977.28	10.8
地方一般公共预算收入（万元）	895 772	8.2	6 375 031	8.8
地方一般公共预算支出（万元）	1 257 662	6.2	13 783 806	10.7

注：①地区生产总值、规模以上工业增加值、绝对数按当年价计算，增速按可比价计算。
②市县生产总值、市县规模以上工业增加值、市县固定资产投资额、市县房屋销售面积、市县社会消费品零售总额（含农垦数据）。
③规模以上工业增加值统计范围为年销售收入2 000万元以上工业。
④固定资产投资额统计范围为计划总投资500万元以上项目。
数据来源：根据海南省统计局《关于2016年市县经济发展情况的通报》编制。

社会事业稳步发展，民生福祉不断改善——城镇居民人均可支配收入31 113元，增长8.1%；农村居民人均可支配收入13 365元，增长9.3%。全市民生支出90.3亿元，占地方一般公共预算支出的71.8%。全年新增城镇就业3.2万人，对3 800名农村富余劳动力开展转移就业培训，全年实现转移1.3万人；完成棚改13 514户，超额完成省下达的任务，800户农村危房改造任务全面完成。城乡居民养老保险参保率98.9%以上，城乡居民医疗保险参保率超过99%；全市城镇职工基本养老、医疗、失业、工伤、生育保险参保率保持在97%以上。①

二、调查设计及结果描述

（一）调查设计

由于收入属于隐私问题，调查可能会引起被调查者的戒备甚至抵触，更

---

① 参考三亚市发展和改革委员会的《关于三亚市2016年国民经济和社会发展计划执行情况与2017年国民经济和社会发展计划草案的报告》。

何况我们的调查还包括对收入差距的看法及其影响这一类敏感话题。因此，我们的调查遵循循循善诱的原则，力图通过铺垫性问题和深入访谈的形式，了解调查对象的收入及其收入差距，并触及他们对收入差距的评价及收入差距对他们预期的影响。问卷有六个大方面，其中包括：①个人及家庭基本信息；②个人及家庭收入支出情况；③收入满意度、生活满意度评价；④和同龄人的收入比较；⑤收入差距对个体的影响及个体对其的评价；⑥对当今社会收入差距容忍度的评价。

调查于 2014 年 12 月至 2015 年 3 月在三亚明珠广场和荔枝沟市场，以现场问卷的方式进行，共回收 100 份有效问卷。

（二）调查结果描述

1. 个人及家庭基本信息

（1）性别：在被调查的 100 位生活在三亚的 80 后中，男士占 58.00%，女士占 42.00%。

（2）受教育程度：受教育程度分为小学及以下、初中、高中或中专、本科或大专、研究生 5 个选项，各选项的比例分别为 4%、12%、19%、48%、17%。在 100 个样本中，未接受过职业技能教育的占 48%，接受过职业技能教育的占 52%。在接受过职业技能培训的 52% 调查对象中，接受必要的岗前培训的有 30 位，岗前培训包括导购、销售、银行从业、导游等。在接受职业技能培训的调查对象中，接受了"其他"培训的共 19 人，主要包括教师、体育、心理、财务、物流管理、动画程序设计、美甲、汽车美容、手机修理等。在接受了职业技能培训的 52 人中，认为自己因为接受了这项职业技能教育而使自己收入有所增加的人占 67.31%。而另外的 32.69% 则认为自己的职业技能教育没有使自己的收入增加，原因主要有：第一，自己并不期望依靠该职业技能生存，只作为拓宽收入渠道的一种方式；第二，自己想从事该职业，但后来选择了其他职业。

（3）婚姻状况：调查对象中，已婚的占 41.00%；未婚的占 59.00%。

2. 个人及家庭收入支出情况

（1）收入来源（多选）：被调查的 100 位 80 后中，有 89 位收入来自工资薪金,有6位有兼职收入,有13位通过投资理财获得收入,有16位收入来自于"其他",100位被调查者中有9位能够享受到社会保险、社会福利或者政府补贴。对收入来源的调查结果如图5-1所示。

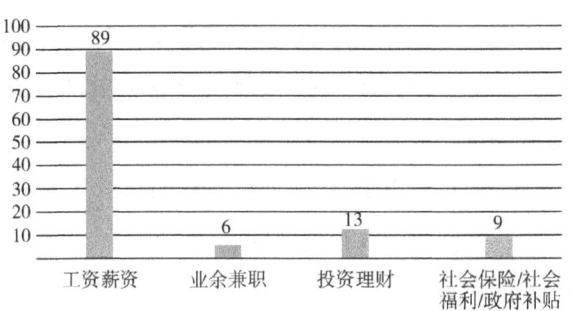

图5-1 调查对象收入来源

(2) 个人月收入:有6.00%的受访者的个人月收入在0~1 000元;有23.00%的受访者的个人月收入在1 000~3 000元;有41.00%的受访者的个人月收入在3 000~5 000元;有30.00%的受访者的个人月收入在5 000元以上。月收入分布情况如图5-2所示。

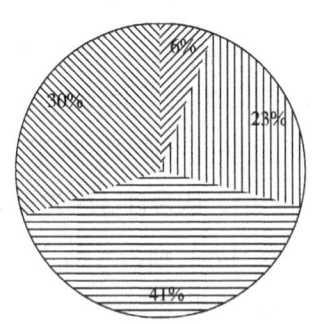

▨ 0~1 000元　▫ 1 000~3 000元　▭ 3 000~5 000元　▨ 5 000元以上

图5-2 个人月收入

(3) 月食品支出:有4.00%的受访者每月在"吃"上花费0~300元;有16.00%的受访者每月在"吃"上花费300~500元;有23.00%的受访者

每月在"吃"上花费 500~700 元;有 57.00% 的受访者每月在"吃"上花费大于 700 元。月食品支出情况如图 5-3 所示。

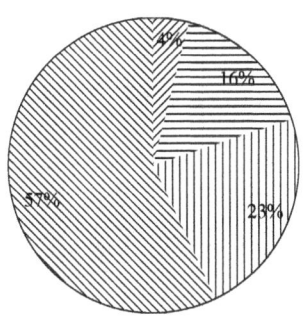

☒ 0~300元　☐ 300~500元　☐ 500~700元　☒ 大于700元

图 5-3　食品支出

(4) 年服装支出:55% 的受访者每年购买服装支出在 2 000~3 000 元;30% 的受访者每年服装支出在 2 000 元以下;10.00% 的受访者每年服装支出在 1 000 元以下;还有 5% 的受访者每年服装不足 500 元。

(5) 交通支出:35.00% 的受访者每月交通支出 0~150 元;23.00% 的受访者每月交通支出 150~300 元;19.00% 的受访者每月交通支出 300~600 元;23.00% 的受访者每月交通支出大于 600 元。交通支出情况如图 5-4 所示。

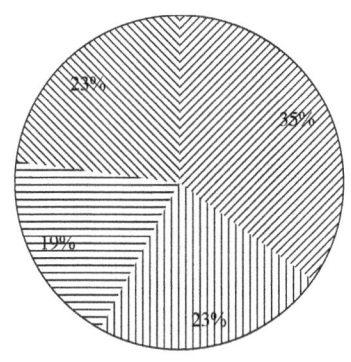

☒ 0~150元　☐ 150~300元　☐ 300~600元　☒ 大于600元

图 5-4　交通支出

(6) 月休闲娱乐支出：我们向受访者说明，休闲娱乐包括外出聚会性质的用餐支出。有 27.00% 的受访者每月在休闲娱乐上花费 0~150 元；有 22.00% 的受访者每月在休闲娱乐上花费 150~300 元；有 24.00% 的受访者每月在休闲娱乐上花费 300~450 元；有 27.00% 的受访者每月在休闲娱乐上花费 450~600 元。月休闲娱乐支出调查结果如图 5-5 所示。

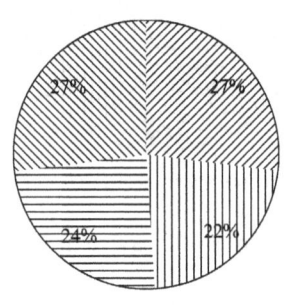

图 5-5　休闲娱乐支出

(7) 受访者家庭每月收支情况：有 12.00% 的受访者每月收支情况为"入不敷出"；有 47.00% 的受访者每月收支情况为"刚好维持生计"；有 36.00% 的受访者每月收支情况为"略有盈余"；有 5.00% 的受访者每月收支情况为"毫无压力，盈余多"。受访者家庭月收支情况如图 5-6 所示。

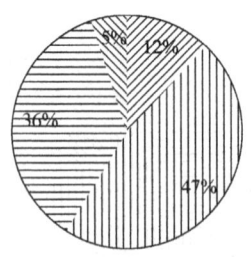

图 5-6　家庭月收支情况

(8) 居住条件：有 3.00% 的受访者目前居住在自建平房；有 20.00% 的

受访者目前居住在自建楼房；有 23.00% 的受访者目前居住在商品房；有 35.00% 的受访者目前居住在租房；有 19.00% 的受访者目前居住条件为单位宿舍。居住条件如图 5-7 所示。

图 5-7 居住条件

3. 收入满意度、生活满意度评价

我们请受访者用 1~10 分（1 分表示对自己的收入或生活很不满意，10 分表示对自己的收入或生活很满意）来评价自己对收入及生活水平的满意程度。收入满意度评分分布如图 5-8 所示，生活满意度评分分布如图 5-9 所示。

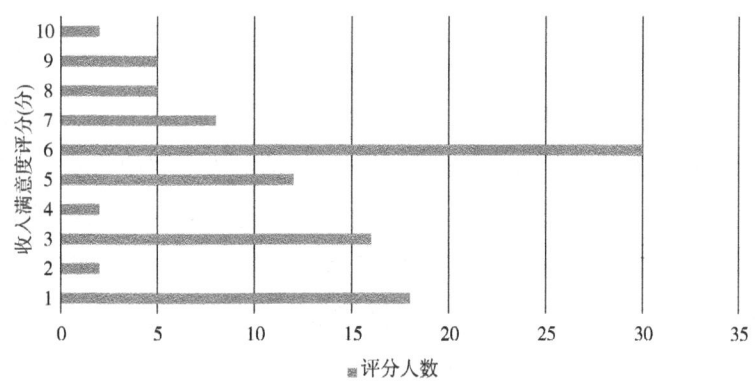

图 5-8 收入满意度评分

根据公式 $\frac{\sum_1^{10} p \times x}{100}$，$p = 1, 2 \cdots 10$ 为分值，x 为选取该分值的人数，我们计算出平均收入满意度为 4.79。

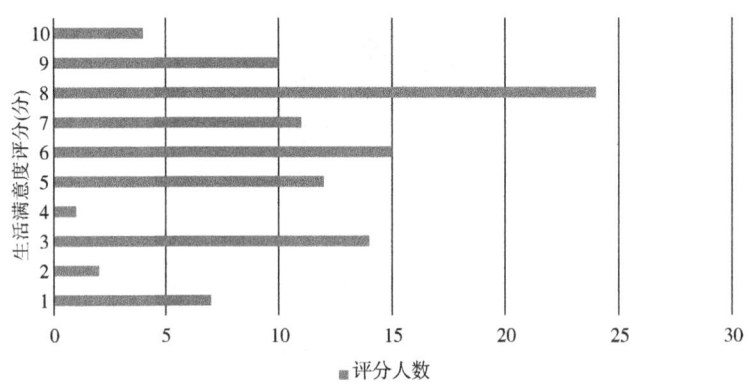

图 5-9　生活满意度评分

根据公式 $\frac{\sum_1^{10} p \times x}{100}$，$p = 1, 2 \cdots 10$ 为分值，x 为选取该分值的人数，我们计算出平均生活满意度为 6.06。

两者之间的关系令读者迷惑——生活满意度的平均水平比收入满意度高的平均水平高 $\frac{(6.06 - 4.79)}{4.79} \times 100\% \approx 27\%$。这一结果让我们不由地想到了阿马蒂亚·森为了展开他对"收入与成就之间、商品与可行能力之间、我们拥有的经济财富与按我们自己的意愿享受生活的能力之间的关系"[①] 的讨论，而引用的记录在梵文经典《奥义书》中的一场夫妻之间的对话：玛翠伊很想知道，如果整个世界的财富都属于她一个人，她能否通过财富实现长生不老。"不可能！"亚纳瓦克回答，"你的生活会像别的富人的生活一样。但是别指望通过财富实现长生不老。"玛翠伊评论到，"那么，我要那些不能让我长生不

---

① 阿马蒂亚·森. 以自由看待发展 [M]. 任赜, 于真, 译. 北京：中国人民大学出版社, 2009：10.

老的财富干什么?"

是的,我们的被访者展示了一种超脱于收入的对生活的理解,但其理由不在本节讨论的范畴之内。

4. 和周围同龄人的收入比较

(1) 我们请受访者和周围(生活圈中熟悉的)同龄人比较收入差距,有 9.00% 的受访者认为"没有差距";有 77.00% 的受访者认为"有差距,但是可以理解,可以接受";有 14.00% 的受访者认为"差距很大,不能理解,不能接受"。调查结果如图 5-10 所示。

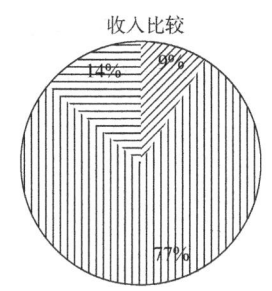

图 5-10 和周围同龄人的收入比较

(2) 我们询问受访者和周围(生活圈中熟悉的)同龄人的年收入差距为多少可以接受,有 47.00% 的受访者认为年收入差距在 6 000~12 000 元是可以接受的;14.00% 的受访者认为年收入差距在 12 000~30 000 元是可以接受的;8.00% 的受访者认为超过 30 000 元也是可以接受的;另外有 31.00% 的人觉得"无差距"。但是在这 31.00% 的受访者中也有一小部分人表示"从没有考虑过这个问题"或者"收入根本就是不可比较的",对于这一问题的调查结果如图 5-11 所示。

5. 收入差距对个体的影响及个体对其的评价

(1) 100 位受访者中有 87.00% 的人认为自己与周围同龄人群之间的收入差距会对自己产生正面影响,即收入差距会让自己对未来生活有盼头,预期

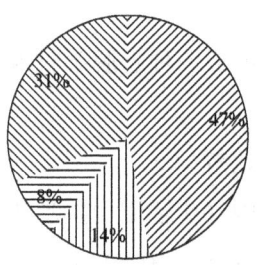

☒6 000~12 000元 ▫12 000~30 000元 ▫30 000元 ▫无差距

图 5-11 年收入差距为多少可以接受

到生活越来越好;而另外的 13.00% 则认为与周围同龄人之间的收入差距对自己产生负面影响,即收入差距给我带来不公平和被剥夺的感受。

(2) 我们请受访者对个人的收入差距容忍度作评价,1 分代表自己对收入差距容忍度很低(忍无可忍),5 分代表自己能忍受极高的收入差距。评分结果见图 5-12。

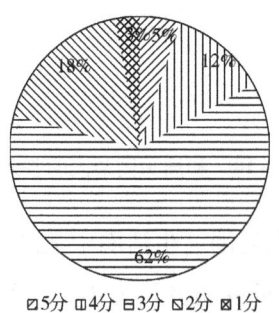

▫5分 ▫4分 ▫3分 ▫2分 ☒1分

图 5-12 个人收入差距容忍度评分

根据公式 $\frac{\sum_1^{10} p \times x}{100}$,$p = 1, 2, 3, 4, 5$ 为分值,x 为选取该分值的人数,我们计算出个人收入差距容忍度的平均分为 2.98。

77% 的受访者在与周围同龄人比较收入时,表示"有差距,但是可以理解,可以接受",并且 47% 的受访者认为 6 000~12 000 元的年收入差距是可以接受的,折算成每月 500~1 000 元的收入差距是可以接受的,可接受的月收入差距的中间值为750元。我们根据对受访者月收入的调查,计算出其月平均收入为3 930元[①],那么近半数的被访者可以接受他们月收入水平19%的收入差距[②]。

6. 对当今社会收入差距容忍度的评价

(1) 受访者对当今社会收入差距情况的判断如图5-13所示。

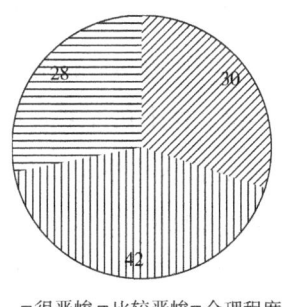

图5-13 对当今社会收入差距情况的判断

(2) 受访者对当今社会收入差距的评价如图5-14所示。

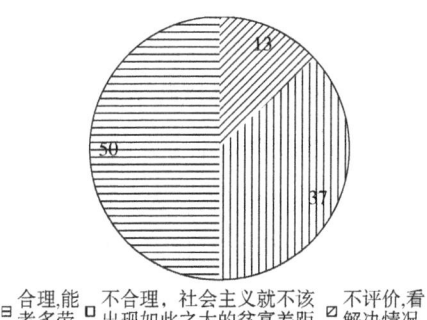

图5-14 对当今社会收入差距情况的评价

---

① 对于月收入水平0~1 000元的,取中间值500元代表,对于月收入水平1 000~3 000元的,取中间值2 000元代表,对于月收入水平3 000~5 000元的,取中间值4 000元代表,对于月收入水平5 000元以上的,取6 000元作为代表,计算加权平均值。

② 用受访者可以接受的月收入差距的中间值750除以其平均月收入3 930。

共享发展的微观基础和制度安排——基于海南的调查与经验

第四节 昌江黎族自治县居民收入差距容忍度调查

一、昌江经济及社会发展水平

昌江黎族自治县位于海南的西北部,依山面海,依托其丰富的矿产资源,一度让当地很多干部产生了"小日子好过"的感觉。

昌江的小日子的确过得不错。这个在许多人看来贫困落后的少数民族县,行政机关及事业单位工作人员的收入水平却比省内多数市县的同类人员高,财政支出也不像一些市县那样捉襟见肘。[①]

2006年,全省城镇居民人均可支配收入超过9 000元,昌江只有8 000余元;全省农民人均纯收入超过3 000元,昌江不到2 500元,8个乡镇中6个乡镇的农民人均纯收入低于2 000元;全国城镇化水平达到48%,全省也达39%,昌江只有31%;第三产业占全省地区生产总值的40%左右,昌江仅为19%。在全省房地产投资热火朝天的形势下,2007年1—9月昌江城镇固定资产投资同比仅增长2.8%[②],这组数据让昌江的干部意识到,好过的小日子只是表面上的风光,工业相对发达的光环遮蔽了农业的落后,"财政富县"的表象掩盖了农村的贫困[③],好过的仅仅是部分人的小日子,经济增长的成果没有落在实处,那么社会发展只是空中楼阁。

对此,昌江干部积极贯彻科学发展观,以科学规划引路,努力使县域经济步入发展"快车道"。

昌江黎族自治县2016年经济及社会发展水平见表5-2。

[①] 吴泽明,翁朝健.霸王岭下发先声——昌江黎族自治县科学发展纪实 [EB/OL]. http://hnrb.hinews.cn/html/2009-07/27/content_146672.htm.

[②] 阿马蒂亚·森指的是个人分别享有的为了消费、生产、交换的目的而运用其经济资源的机会。

[③] 吴泽明,翁朝健.霸王岭下发先声——昌江黎族自治县科学发展纪实 [EB/OL]. http://hnrb.hinews.cn/html/2009-07/27/content_146672.htm.

第五章　海南居民对收入、生活水平差距的容忍度——基于三亚、昌江、陵水、临高的调查

表5－2　2016年昌江黎族自治县经济及社会发展水平概览

	昌江县		海南省	
	全年数	比上年增减（%）	全年数	比上年增减（%）
地区生产总值（万元）	1 031 721	10.5	40 445 100	7.5
规模以上工业增加值（万元）	302 187	18.6	4 418 200	2.6
固定资产投资额（万元）	837 630	-2.2	37 470 251	11.7
房屋销售面积（万平方米）	20.68	67.1	1 508.53	43.4
社会消费品零售总额（万元）	175 849	9.5	14 537 157	9.7
旅游接待过夜人数（万人次）	85.96	20.5	4 977.28	10.8
地方一般公共预算收入（万元）	100 319	12.8	6 375 031	8.8
地方一般公共预算支出（万元）	299 598	5.8	13 783 806	10.7

注：①地区生产总值、规模以上工业增加值、绝对数按当年价计算，增速按可比价计算。
②市县生产总值、市县规模以上工业增加值、市县固定资产投资额、市县房屋销售面积、市县社会消费品零售总额（含农垦数据）。
③规模以上工业增加值统计范围为年销售收入2 000万元以上工业。
④固定资产投资额统计范围为计划总投资500万元以上项目。
数据来源：根据海南省统计局《关于2016年市县经济发展情况的通报》编制。

2016年，全县全体居民人均可支配收入20 126元，比上年增长8.4%，分城镇和农村看：2016年，全县行政事业单位正常晋升工资、公务员符合岗位年限的提高一级别工资和旅游业的较快发展为昌江县城镇居民增加了更多的就业机会和经济收入。因此，2016年全县城镇居民人均可支配收入稳步增长，实现人均可支配收入28 865元，比上年增长7.6%，增速同比放缓1.4个百分点。2016年，全县大力推广种桑养蚕、雪茄烟叶、辣木种植、大棚瓜菜、特种山猪、和牛养殖等高效农业，同时也加大旅游区开发经营力度和基础设施建设及房地产投资开发力度，从而为当地农民提供更多的就业机会，带来更多的打工收入，还有全县各地打造的"一村一品"生产经营模式也给农民带来稳定的家庭生产性经营收入。因此，2016年全县农村居民人均可支配收入较快增长，实现人均可支配收入11 532元，比上年增长9.5%，增速同比

放缓0.7个百分点,增速高出全省0.4个百分点①。

二、调查设计及结果描述

(一)调查设计

本调查以昌江县居民为对象,通过随机发放问卷的方式进行,目的是了解昌江居民在当地政府科学规划引领发展的背景下,从快速增长的经济中是否感受到收入差距、(如果感受到)对收入差距的态度,进而推断当地居民收入差距容忍度的影响因素。

由于收入属于隐私问题,调查可能会引起被调查者的戒备甚至抵触,况且调查还包括对收入差距的看法及其影响这一类敏感话题。因此,我们的调查遵循循循善诱的原则,力图通过铺垫性问题和深入访谈的形式,了解调查对象的收入、收入差距,并触及他们对收入差距的评价及收入差距对他们预期的影响。问卷有六个方面,包括:①个人及家庭基本信息;②个人及家庭收入支出情况;③生活满意度评价;④收入比较;⑤收入差距对个体的影响;⑥对当今社会收入差距度的评价。

(二)调查结果描述

调查在2015年12月至2016年3月进行,共回收100份有效数据。

1. 个人及家庭基本信息

(1)性别:100位受访者中,男士占53%,女士占47%。

(2)年龄:18岁以下的占8%,18~30岁占21%,31~50岁占46%,51~60岁占20%,60岁以上占5%。

(3)婚姻状况:61%受访者已婚,39%受访者未婚。

(4)教育程度及职业分布:100位受访者中,学历在小学及以下的占21%,初中占30%,高中占36%,大学占12%,研究生及以上的占1%。调查发现,职业选择在很大程度上取决于其受教育程度。受访者中从事农业的

---

① 昌江县统计局. 2016年昌江县经济运行情况及2017年经济展望[EB/OL]. http://xxgk.hainan.gov.cn/cjxxgk/tjj/201702/t20170204_2224420.htm.

占 45%，小学文化程度的农业生产者有 17 位，初中文化程度的农业生产者有 19 位，高中文化程度的农业生产者仅有 9 位。受访者中有 27% 从事政府公职或者教育工作，受教育程度均为高中及以上；受访者中从事管理工作的占 8%，受教育程度均为大学及以上。

2. 个人及家庭收入支出情况

（1）收入来源（可多选）：受访者收入来源如图 5-15 所示。

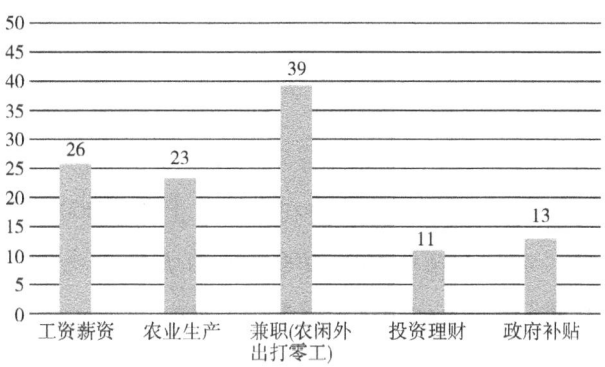

图 5-15 收入来源

（2）个人月收入：有 17% 的受访者的个人月收入在 0~1 000 元；有 47% 的受访者的个人月收入在 1 000~3 000 元；有 23% 的受访者的个人月收入在 3 000~5 000 元；有 13% 的受访者的个人月收入在 5 000 元以上。我们随机访问了几位生活和工作在昌江的居民，了解他们工资待遇情况——一般的服务行业（餐饮、客房、保洁等）工资待遇一般在 1 000~2 000 元左右，工资不够花，所以一般服务类工作者用业余时间在外兼职。个人月收入如图 5-16 所示。

对于月收入水平 0~1 000 元的，取中间值 500 元代表，对于月收入水平 1 000~3 000 元的，取中间值 2 000 元代表，对于月收入水平 3 000~5 000 元的，取中间值 4 000 元代表，对于月收入水平 5 000 元以上的，取 6 000 元作为代表，计算受访者月收入加权平均值 = 500×17% + 2 000×47% + 4 000×23% + 6 000×13% = 2 725 元。

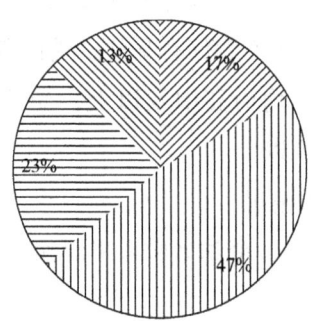

☒ 0~1 000元 ▥ 1 000~3 000元 ▤ 3 000~5 000元 ▧ 5 000元以上

图 5-16 个人月收入

(3) 月食品支出：根据调查数据显示，有36%的受访者每月在"吃"上花费 0~300元；有31%的受访者每月在"吃"上花费300~500元；有22%的受访者每月在"吃"上花费500~700元；有11%的受访者每月在"吃"上花费大于700元。食品支出情况如图5-17所示。

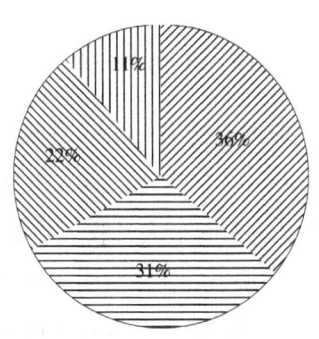

☒ 0~300元 ▤ 300~500元 ▧ 500~700元 ▥ 大于700元

图 5-17 月食品支出

(4) 月住宿支出：有52%的受访者每月在住宿上花费 0~300 元；有27%的受访者每月在住宿上花费300~500元；有15%受访者每月在住宿上花费500~700元，有6%的受访者每月在住宿上花费700元以上。住宿支出情况如图5-18所示。

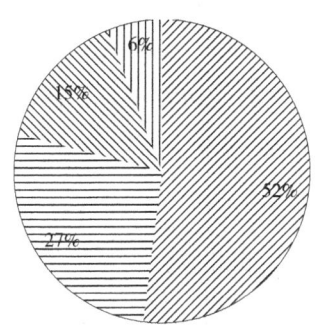

☒ 0~300元　▤ 300~500元　◨ 500~700元　▥ 700元以上

图 5-18　月住宿支出

（5）年服装支出：大约有 24% 的受访者每年用于购买衣服的支出在 2 000 元以下；有 43% 的受访者每年购买衣服的支出在 2 000~3 000 元；有 26% 的受访者每年购买衣服 3 000~4 000 元。有 7% 的受访者每年购买衣服在 4 000 元以上。年服装支出情况如图 5-19 所示。

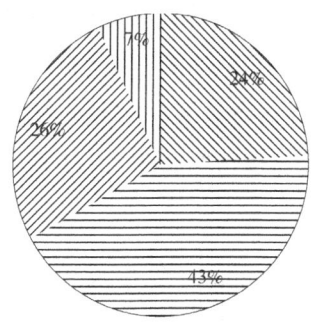

◨ 2 000元以下　▤ 2 000~3 000元　☒ 3 000~4 000元　▥ 4 000元以上

图 5-19　年服装支出

（6）月交通支出：13% 的受访者每月在交通上支出少于 100 元；有 19% 的受访者每月在交通上支出在 100~300 元；有 51% 的受访者每月在交通上支出在 300~500 元；有 17% 的受访者每月在交通上支出大于 500 元。交通支出取决于工作地点离家距离，以及家庭是否有机动车辆。

（7）月休闲娱乐支出：我们向受访者说明，休闲娱乐包括外出聚会性质的用餐支出。48%的受访者每月用于休闲娱乐的支出在150元以内；有31%的受访者每月在休闲娱乐上支出150~300元；有16%的受访者每月在休闲娱乐上支出300~450元；有5%的受访者每月在休闲娱乐上支出450~600元。月休闲娱乐支出情况如图5-20所示。

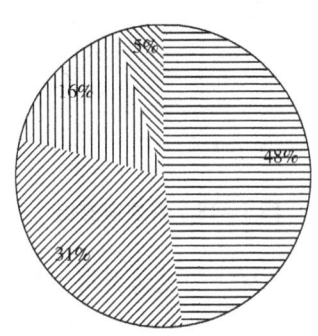

图5-20 月休闲娱乐支出

（8）收支总体情况：我们请受访者对比自己的收支，选择和他的家庭匹配的收支总体情况。15%的受访者选择"入不敷出"，27%的受访者选择"收支刚好维持生计"，48%的受访者选择"有收支有盈余"，10%的受访者选择"毫无压力，盈余多"。收支总体情况如图5-21所示。

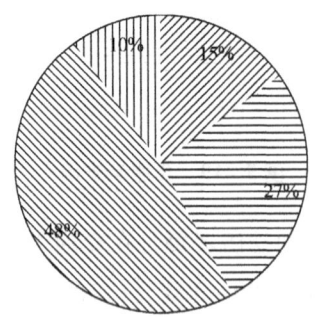

图5-21 收支总体情况

第五章 海南居民对收入、生活水平差距的容忍度——基于三亚、昌江、陵水、临高的调查

（9）居住条件：3%的受访者居住在自建平房，22%的受访者居住在自建楼房，38%的受访者居住在商品房，27%的受访者租房居住，10%的受访者居住在单位宿舍。居住条件如图5-22所示。

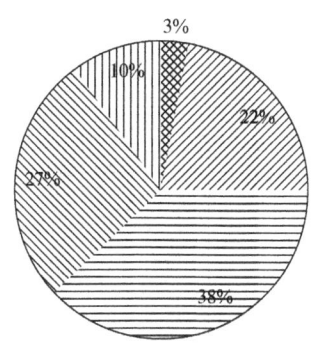

图5-22 居住条件

3. 生活满意度评价

对于"您对自己的生活满意吗？"调查结果如图5-23所示。

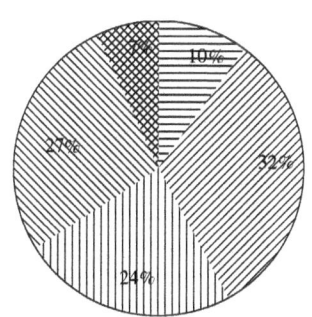

图5-23 生活满意度

4. 收入差距容忍度

当受访者被请求和周围人（生活圈子中熟悉的人）比较收入时，14%的

受访者认为"没有差距",68%的受访者表示"有差距,但可以接受",18%的受访者则指出"差距很大,不能接受",如图5-24所示。

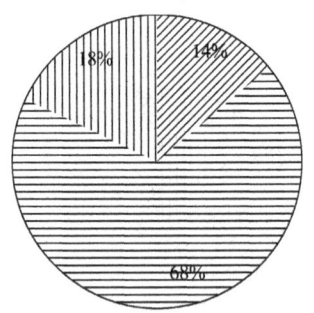

☒没有差距 ☐有差距,但可以接受 ▨差距很大,不能接受

图5-24 收入比较

我们请受访者选择可以接受的(年)收入差距,有47%的受访者表示年收入差距在5 000~10 000元是可以接受的;有33%的受访者认为年收入差距在10 000~18 000元是可以接受的;有15%的人接受的年收入差距在18 000~30 000元;有5%的受访者认为超过30 000元的收入差距也是可以接受的。调查结果如图5-25所示。

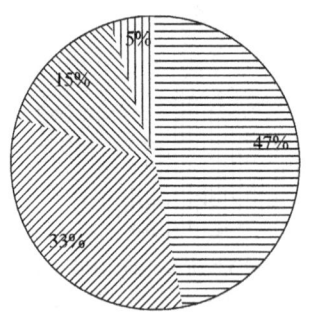

☐5 000~10 000元 ☒10 000~18 000元 ▨18 000~30 000元 ☐30 000元以上

图5-25 可接受的年收入差距

5. 收入差距对个体的影响

我们询问受访者收入差距对其是否有影响。有41%的受访者认为影响很

大；有 39% 的受访者认为有较大影响；有 14% 的受访者觉得影响一般；有 6% 的受访者觉得没有影响。多数受访者认为收入差距可以启发、激励自己，通过行动改善生活水平。也有少部分受访者认为收入不公平，不应该存在收入差距，或者认为这种收入差距使他们对未来生活不抱希望。收入差距对受访者的影响调查情况如图 5-26 所示。

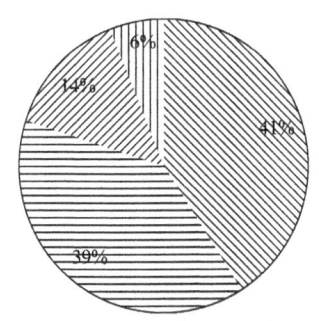

☑ 影响很大　☐ 有较大影响　▨ 影响一般　☐ 没有影响

图 5-26　收入差距对个体的影响

6. 影响受访者收入差距容忍度的因素

我们提示受访者平均工资、当地物价、社会保障、受教育水平是收入差距容忍度的影响因素，22% 受访者选择平均工资，13% 受访者选择当地物价，10% 受访者选择社会保障，55% 选择受教育水平。收入差距容忍度影响因素如图 5-27 所示。

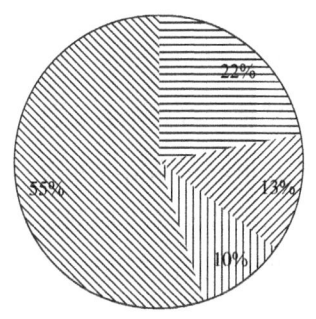

☐ 平均工资　☑ 当地物价　▨ 社会保障　☐ 受教育水平

图 5-27　收入差距容忍度影响因素

7. 对当今社会收入差距的看法

我们请受访者选择和他们对当今社会收入差距看法的最吻合的表述,调查结果如图5-28所示。

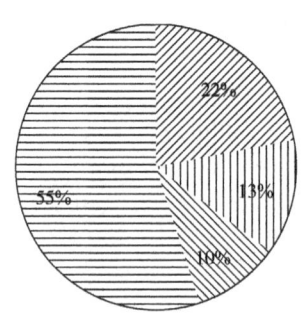

- 收入差距过大,已经成为威胁社会和谐的因素
- 收入差距比较大,急需出台相关政策
- 收入差距可以接受,有利于提高人们的工作积极性
- 觉得很合理,社会就是适者生存,能者居之,在按劳分配制度下肯定存在差距

图5-28 对当今社会收入差距的看法

第五节 陵水黎族自治县居民生活水平差距容忍度调查

一、陵水经济及社会发展水平

2016年,陵水黎族自治县贯彻落实党的十八大、十八届历次全会精神和习近平总书记系列重要讲话精神,看齐全省标杆,立足陵水实际,拼搏、开拓、创新,全县各项经济社会指标完成情况较好,社会建设取得新突破,总体可概括为:成果丰硕,国民经济发展更加健康;基础夯实,发展环境日臻优化;统筹兼顾,区域协调更加和谐;惠及民生,发展成果实现共享。[①] 陵水

---

① 陵水黎族自治县统计局. 2016年陵水县国民经济和社会发展统计公报 [EB/OL]. http://www.lingshui.gov.cn/Government/PublicInfoShow.aspx? ID =12714.

黎族自治县2016年经济及社会发展水平情况见表5-3。

表5-3　2016年陵水黎族自治县经济及社会发展水平概览

	陵水县		海南省	
	全年数	比上年增减（%）	全年数	比上年增减（%）
地区生产总值（万元）	1 343 048	10.9	40 445 100	7.5
规模以上工业增加值（万元）	11 085	5.8	4 418 200	2.6
固定资产投资额（万元）	2 028 116	16.5	37 470 251	11.7
房屋销售面积（万平方米）	173.19	70.6	1 508.53	43.4
社会消费品零售总额（万元）	277 192	9.8	14 537 157	9.7
旅游接待过夜人数（万人次）	175.21	6.6	4 977.28	10.8
地方一般公共预算收入（万元）	414 456	11.0	6 375 031	8.8
地方一般公共预算支出（万元）	657 638	37.0	13 783 806	10.7

注：①地区生产总值、规模以上工业增加值、绝对数按当年价计算，增速按可比价计算。
②市县生产总值、市县规模以上工业增加值、市县固定资产投资额、市县房屋销售面积、市县社会消费品零售总额（含农垦数据）。
③规模以上工业增加值统计范围为年销售收入2 000万元以上工业。
④固定资产投资额统计范围为计划总投资500万元以上项目。
数据来源：根据海南省统计局《关于2016年市县经济发展情况的通报》编制。

居民收入方面，"全年全县常住居民人均可支配收入16 771元，比上年同期增长11.1%。其中，城镇常住居民人均可支配收入25 127元，比上年同期增长9%；农村常住居民人均可支配收入11 068元，比上年增长12.5%。全年全县住户存款809 419.99万元，增长18.0%"①。就业方面，"全年全县新增就业岗位0.69万人；比上年增长7.48%；年末城镇登记失业率控制在3%以内，保持在较低水平。农村劳动力转移就业0.94万人，比上年末增长2.37%。劳动就业规模继续扩大。建档立卡贫困劳动力转移就业931人"②。

---

① 陵水黎族自治县统计局. 2016年陵水县国民经济和社会发展统计公报［EB/OL］. http://www.lingshui.gov.cn/Government/PublicInfoShow.aspx？ID=12714.
② 梁振君，陈蔚林. 六大亮点彰显国际旅游岛建设成就［EB/OL］. http://news.eastday.com/eastday/13news/auto/news/china/20160325/u7ai5451992.html.

社会保障方面,"年末全县参加职工养老保险人数4.4万人,比上年末降低12.10%（2016年度整理减去了重复参保人数）；参加城镇医疗保险人数9.5万人,增长1.78%；参加工伤保险人数2.8万人,增长7.04%；参加生育保险2.7万人,增长3.41%。参加失业保险3.57万人,增长3.04%"[1]。

扶贫方面,"全年完成标识脱贫13 823人,完成比例为101.7%；减少贫困人口13 823人,完成比例为101.7%；实现11个贫困村脱贫出列。发展生产脱贫,整合投入特色产业资金681万元,实施项目4个；重点扶持2个贫困村发展乡村旅游,投入旅游开展资金0.7亿元；实现贫困人员转移就业7 520人；改造贫困户危房672户；1 483位建档立卡贫困人口被纳入低保范围；投入中央专项扶贫资金1 786万元,培育特色产业,增加农民收入,扶持贫困农户发展种植瓜菜、养牛、养羊等产业；投入专项扶贫资金240万元,抓好雨露计划中专培训、劳动力转移就业等扶贫技能培训。实施11个贫困村整村推进扶贫开发；着力改善贫困村贫困群众生产、生活、人居环境,加强基础设施、危房改造、美丽乡村等建设"[2]。

二、调查设计及结果描述

（一）调查设计

陵水调查区别于三亚80后和昌江调查的地方在于,我们将关注点从收入差距容忍度转向生活水平差距容忍度,我们认为生活水平更能体现发展的结果。我们采用互联网问卷、现场问卷及访谈相结合的方式进行调查,互联网问卷主要针对陵水县部分家庭的在校大学生,访谈主要针对陵水县三才镇不同行业的居民进行,调查时间是2016年12月至2017年3月,我们回收到200份有效问卷（含互联网问卷）。

问卷包括四大类问题,①受访者家庭基本情况；②家庭收支和资产情况,

---

[1] 梁振君,陈蔚林. 六大亮点彰显国际旅游岛建设成就 [EB/OL]. http://news.eastday.com/eastday/13news/auto/news/china/20160325/u7ai5451992.html.
[2] 梁振君,陈蔚林. 六大亮点彰显国际旅游岛建设成就 [EB/OL]. http://news.eastday.com/eastday/13news/auto/news/china/20160325/u7ai5451992.html.

第五章　海南居民对收入、生活水平差距的容忍度——基于三亚、昌江、陵水、临高的调查

包括收入来源、可支配收入、生活消费支出、有无家用汽车，存款、是否有负债、最近3年有无盖房及有无被征地情况；③福利、健康、人力资本投资；④生活、收入差距容忍度。总计共30道题，题型包括单项选择、多项选择、观点表达。

（二）调查结果描述

1. 受访者及其家庭基本情况

（1）调查对象中，户主占40.5%，非户主占59.5%。

（2）年龄：年龄在20~30岁的调查对象占45.5%，30~40岁的占21%；40~50岁占18.5%，50~60岁占5%。

（3）民族：被调查者汉族占60.5%，黎族占39.5%。

（4）家庭人口：三口之家占18%，4~5口家庭者占34.5%，5~6口之家占28.5%；6~8口之家占19%。

（5）受教育程度以及家中是否有党员干部：调查对象中，文化程度为小学的占10%，初中的占26.5%，高中的占30.5%，大学专科的占19%，本科的占13%，研究生的占1%。家庭最高文化程度为小学的被调查家庭占3%，初中占21.5%，高中占33.5%，专科占26%，本科占15%，研究生占1%。调查中发现，家庭成员是党员的占32.5%，家庭成员是干部的占28.5%。被调查者的受教育程度，如图5-29所示。

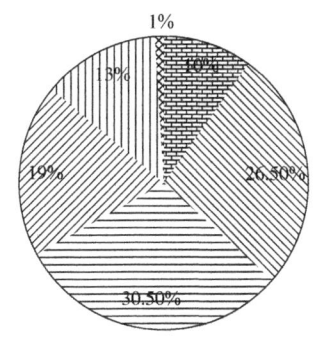

☐小学 ☐初中 ☐高中 ☐专科 ☐本科 ☒研究生

图5-29　受教育程度

2. 家庭收支、资产情况

（1）收入来源：调查发现有48%的受访者的收入来源为农业种植及养殖生产活动，主要为水果种植和水产品养殖；工资性收入占受访者的16%；非农生产经营活动收入占36%，主要为小本生意。收入来源如图5-30所示。

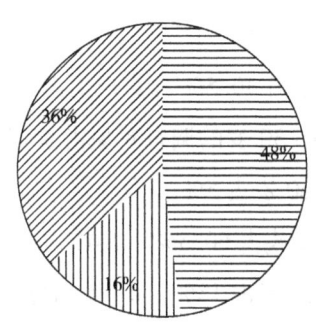

图5-30 收入来源

（2）收入水平：我们请受访者估计包括离家读书或工作的家庭成员带来的年收入。调查显示，年收入在6 000~8 000元的占34%，9 000~20 000元的占26%，30 000~50 000元的占24.5%，50 000~100 000元的占15.5%。收入水平情况如图5-31所示。

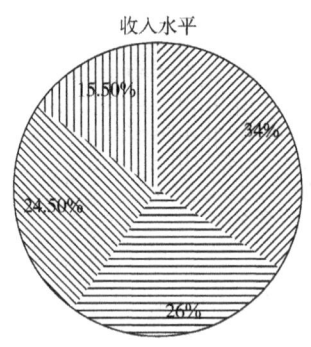

图5-31 收入水平

（3）生活消费支出：28%的受访家庭每年在食品上支出了4 000～6 000元，有36%的受访家庭支出6 000～9 000元，有22.5%的受访家庭花费9 000～20 000元；有9%的受访者支出20 000元以上。我们提醒受访者，食品支出并不包括宴请及聚餐支出。11%的受访者年服装支出为0～1 000元，31.5%的受访者支出1 000～2 000元，28.5%的受访者支出2 000～3 000元；17.5%的受访者支出3 000～4 000元，11.5%的受访者支出4 000元以上。

（4）有无家用汽车：家庭有汽车的占32.5%，家庭无汽车的占67.5%。较为普遍的汽车品牌为"丰田""大众""雪佛兰"等。

（5）有无存款：74.5%的受访家庭户表示家中有存款，有25.5%的家庭户表示没有存款；进一步了解无存款家庭得知，他们家中有病人或者（多名）子女上学。

（6）有无负债：受访者的家庭49.5%有负债，50.5%户无负债。经询问后了解到，负债原因包括盖房，做生意需要资金周转，孩子上大学等。

（7）近3年有无盖房及盖房投入情况：28%受访家庭近3年中盖房，其中，54%的家庭盖房投资20万～40万元，32%的家庭盖房投资40万～50万元，14%的家庭户盖房投资50万元以上。

（8）被征地及补偿情况：36%的受访者表示有被征地情况并获得国家政府补偿，有64%的受访者表示并未被征地。

3. 福利、健康、人力资本投资

（1）是否支持家庭成员读书或参加职业技能培训：85%的受访者表示支持家庭成员读书和参加职业技能培训；15%的受访者表示不支持，从中了解到缘故是，一部分家庭觉得孩子读书读到高中差不多就行了，还有一部分家庭比较困难，承担不了费用。

（2）教育支出：陵水县实施12年义务教育，公立学校不收学费。教育支出主要为子女的异地就学的生活费及私立学校学费，8%受访家庭教育支山为1 000～2 000元，18.5%为2 000～5 000元，34.5%为5 000～8 000元，22%为8 000～10 000元，14%为1万～2万元，3%为3万～5万元。

（3）52%的受访家庭接入互联网，48%的受访家庭未接入互联网。其中88.5%的受访者使用过互联网，有11.5%的受访者表示不会或没有使用过互联网。而且，从调查过程中了解到，居民们获取外界信息的主要来源（多选）为网络（48%）、电视（43.5%）、广播（9%）、报刊阅读及居住地政府宣传（2.5%）。

4. 生活水平、收入差距容忍度

（1）我们询问受访者主要与谁比较家庭收入，回答主要与亲戚朋友家比较收入的受访者占20.5%，与同一个乡村和乡镇比较的占35%，与同县区比较的占25.5%，还有一些受访者不清楚与谁比较的占19%。

（2）我们请受访者就自家的生活水平其与比较对象［见题（1）］进行比较，5.5%的受访者认为自家的生活水平与比较对象生活水平相比高很多；17.5%的受访者认为自家的生活水平与比较对象生活水平相比略高；34%的受访者认为自家的生活水平与比较对象生活水平持平；有20.5%的受访者认为自家的生活水平与比较对象生活水平相比较低；7%的受访者则认为自家的生活水平与比较对象生活水平相比较很多低很多；还有15.5%的被调查者则表示不是很清楚。生活水平比较情况如图5-32所示。

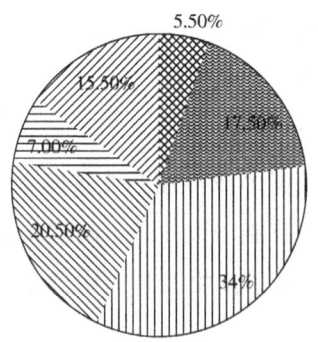

图5-32　生活水平比较

（3）对于"您能忍受您家的生活水平比所处乡村或乡镇其他家庭生活水

平差距吗?"表示不羡慕别家生活水平,能忍受生活水平差距的受访者占69%;羡慕,但可以忍受的受访者占19%;认为忍受不了这种差距的受访者占12%。对生活水平差距的容忍情况如图5-33所示。

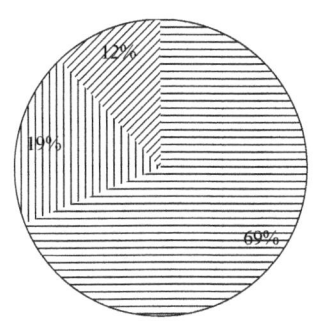

图5-33 对生活水平差距的容忍度

(4) 对于"生活水平和过去3年相比提高了吗?"65%的受访者认为提高了很多;认为没有提高的受访者占25.5%;而有9.5%受访者认为生活水平下降了。生活水平和过去3年的对比情况如图5-34所示。

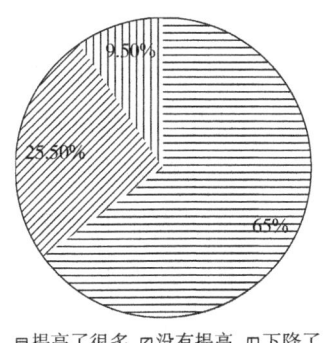

图5-34 生活水平和过去3年的对比

(5) 对于"对未来家庭生活水平是否乐观?"66.5%的受访者对未来生

活表示非常乐观;16.5%的人对以后的生活表示不太乐观;4%的人表示对未来生活很不乐观;13%的受访者对未来生活不确定。对未来生活的预期情况如图 5-35 所示。

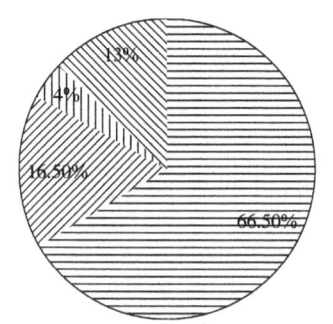

图 5-35 对未来生活的预期

第六节 临高生活水平差距容忍度调查

一、临高经济及社会发展水平

2016 年,临高县"秉持着五大发展理念,全面掌握经济发展的最新动态,做好稳增长、调结构、惠民生、优生态、防风险各项工作。全面推动投资项目的落实,紧抓扶贫工作,解决民生问题,加大投入帮扶群众实现早日脱贫目标,保障经济平稳运行。2016 年,农业生产继续保持平稳增加,工业生产显著增加,旅游业、金融业发展良好,经济情况整体呈平稳态势"[1]。临高县 2016 年经济及社会发展水平情况见表 5-4。

---

[1] 临高县统计局. 2016 年临高经济运行情况分析[EB/OL]. http://xxgk.hainan.gov.cn/lgxxgk/tjj/201703/t20170306_2248393.htm.

第五章 海南居民对收入、生活水平差距的容忍度——基于三亚、昌江、陵水、临高的调查

表5-4 2016年临高县经济及社会发展水平概览

	临高县		海南省	
	全年数	比上年增减（%）	全年数	比上年增减（%）
地区生产总值（万元）	1 599 827	6.7	40 445 100	7.5
规模以上工业增加值（万元）	16 208	26.0	4 418 200	2.6
固定资产投资额（万元）	417 346	-48.3	37 470 251	11.7
房屋销售面积（万平方米）	41.77	21.22	1 508.53	43.4
社会消费品零售总额（万元）	343 530	10.0	14 537 157	9.7
旅游接待过夜人数（万人次）	39.65	16.4	4 977.28	10.8
地方一般公共预算收入（万元）	41 243	-1.7	6 375 031	8.8
地方一般公共预算支出（万元）	402 356	24.7	13 783 806	10.7

注：①地区生产总值、规模以上工业增加值、绝对数按当年价计算，增速按可比价计算。
②市县生产总值、市县规模以上工业增加值、市县固定资产投资额、市县房屋销售面积、市县社会消费品零售（总额含农垦数据）。
③规模以上工业增加值统计范围为年销售收入2 000万元以上工业。
④固定资产投资额统计范围为计划总投资500万元以上项目。
数据来源：根据海南省统计局《关于2016年市县经济发展情况的通报》编制。

人民生活水平不断提高：全县金融机构各项存款余额94.02亿元，同比增长16.1%，其中居民储蓄存款余额61.95亿元，同比增长14.7%；各项贷款余额51.05亿元，同比增长10.3%；城镇居民人均可支配收入24 000元、农村居民人均可支配收入10 678元，分别增长7.8%和10.0%；社会消费品零售总额34.35亿元，同比增长10.0%。精准扶贫继续推进，"一是探索扶贫新模式……三是住房、医疗、教育水平不断提升"①。

---

① 临高县发展和改革委员会．关于临高县2016年国民经济和社会发展计划执行情况与2017年国民经济和社会发展计划执行情况与2017年国民经济和社会发展计划草案的报告［EB/OL］．http：//xxgk.hainan.gov.cn/lgxxgk/fgw/201703/t20170307_2248610.htm.

二、调查设计及结果描述

（一）调查设计

和陵水调查一样，我们希望了解临高居民对生活水平差距的容忍度，调查以现场问卷及访谈的形式进行。调查于2016年12月至2017年3月在临高县礼堂村进行，回收到50份有效问卷。

问卷包括四大类问题，①受访者及其家庭基本情况；②家庭收支、资产情况，包括收入来源、可支配收入、生活消费支出、有无家用汽车、存款、是否有负债、最近3年有无盖房及有无被征地情况；③福利、健康、人力资本投资；④生活水平、收入差距容忍度。总计共30道题，题型包括单项选择、多项选择、观点表达。

（二）调查结果描述

1. 受访者及其家庭基本情况

（1）受访者中户主占50%，非户主占50%。

（2）年龄：受访者中，18~30岁占22%，31~40岁占20%，41~50岁占32%，51~60岁占12%，61~70岁占4%，70岁以上占10%。

（3）民族：受访者全部为汉族。

（4）家庭人口：家庭人口少于3人占8%，3~5人占72%，6~10人占20%。

（5）受教育程度：受访者中，学历为小学及以下的占32%，初中的占32%，高中的占20%，专科的占4%，本科的占12%。家庭最高文化程度，小学的占6%，初中的占24%，高中的占22%，专科的占10%，本科的占38%。

（6）家庭中有中共党员的受访者占14%，家庭中有干部的受访者占18%。

2. 家庭收支、资产情况

（1）收入来源：18%的受访者家庭主要收入来源于固定工资；56%的受访者家庭主要收入来源是务农；16%的受访者家庭主要收入来源是业余兼职、

务农不忙时外出打零工等；还有10%的受访者家庭主要收入来源于个体经营。收入来源如图5-36所示。

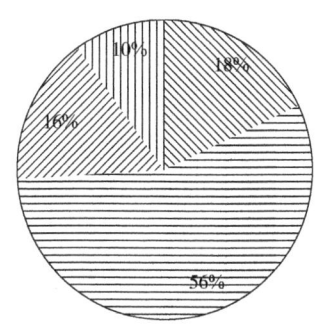

图5-36　收入来源

（2）受访者家庭2015年可支配收入：受访者家庭在2015年可支配收入在1万~3万元的占8%，在4万~6万元的占32%，7万~9万元的占34%，10万~12万元的占18%；在13万~15万元的占6%，在19万~21万元的占2%。2015年可支配收入情况如图5-37所示。

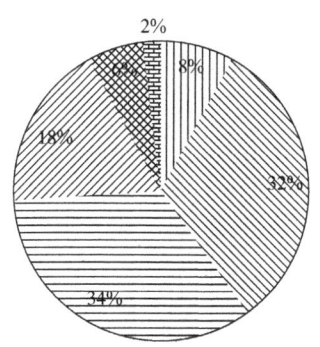

图5-37　年可支配收入

（3）受访者家庭2015年生活消费支出（吃穿住用行）：受访者家庭在

2015年生活消费支出1万~3万元的占16%,4万~6万元的占50%,7万~9万元的占26%,10万~12万元的占6%,13万~15万元的占2%。2015年生活消费支出情况如图5-38所示。

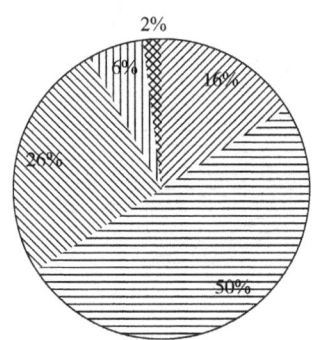

图5-38 2015年生活消费支出

(4) 受访者家庭存款:受访者家庭目前存款在1万元以下的占26%,1万~5万元的占44%,5万~10万元的占22%,10万~15万元的占4%,15万元以上的占4%。家庭存款情况如图5-39所示。

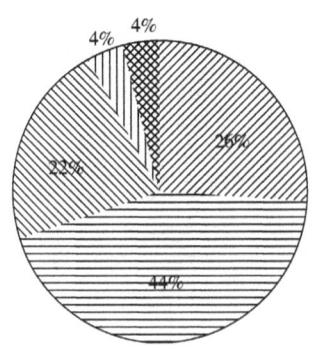

图5-39 家庭存款

（5）受访者家庭负债：受访者家庭当前存在负债的占24%，不存在负债的占76%。

（6）受访者家庭近3年有无盖房及盖房投入：受访者家庭最近3年盖房的占40%，其中14个受访者家庭透露了盖房投入，平均值为19.3万元，1/4分位点为12.75万元，1/2分位点为15万元，3/4分位点为30万元，最大投入为40万元。

（7）受访者家庭有无汽车：38%的受访者家庭有汽车，其中9个家庭透露了汽车购价，平均值为13.8万元。

（8）受访者家庭近3年征地情况：18%的受访者家庭近3年被征用过土地。

3. 福利、健康、人力资本投资

（1）受访者本人及家庭成员的健康状况：46%受访者表示很健康，34%受访者认为比较健康，18%受访者表示家庭成员患病，影响到患者的生活和工作，2%受访者表示家庭中有不能正常生活和工作的病人。

（2）受访者享受的社会福利（在低保、养老保险、医疗保险中多选，如果能说出具体名称，就说出具体名称）：5名受访者表示不享受社会福利，1名受访者表示享受低保，6名受访者表示享受五险一金，35名受访者表示享受医疗保险，3名受访者表示享受养老保险和医疗保险两项社会福利。

（3）受访者"是否支持家庭成员读书或参加职业技能培训？"仅有2名受访者表示不支持家庭成员读书或参加职业技能培训，在48名表示支持的受访者中，有25名受访者透露了年人力资本投入，均值到达了13 320元，最小值3 000元，最大值30 000元，1/4分位点为5 000元，1/2分位点为10 000元，3/4分位点为20 000元。

（4）调查显示，尽管86%的受访家庭成员使用过互联网，但是只有16%的受访家庭接入互联网。

4. 生活水平、收入差距容忍度

（1）对于"考虑到生活的各个方面，您觉得幸福吗？"36%受访者表示非常幸福，32%表示比较幸福，22%表示一般，2%表示不太幸福，8%表示很不幸福,受访者对个人及家庭的幸福感有明确的认识,没有受访者选择不知道。受访者的幸福感情况如图 5-40 所示。

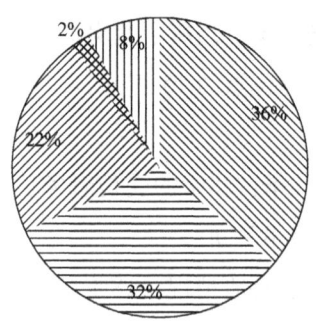

☒非常幸福 ☐比较幸福 ▨一般 ☒不太幸福 ☐很不幸福

图 5-40 幸福感

(2) 对于受访者主要与谁比较家庭收入,18% 受访者选择亲戚朋友家,32% 选择同一个乡村或乡镇的,18% 选择同县区的,32% 选择不清楚。

(3) 我们请受访者就自家的和其比较对象(见上题)的生活水平进行比较,12% 受访者选择高很多,12% 选择略高,24% 选择持平,14% 选择略低,18% 选择低很多,20% 选择不清楚。生活水平比较情况如图 5-41 所示。

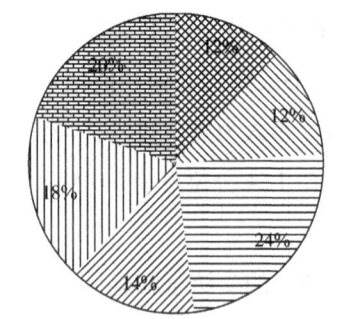

☒高很多 ☐略高 ▨持平 ☐略低 ☐低很多 ☐不清楚

图 5-41 生活水平比较

(4) 对于"您能忍受您家的生活水平比所处乡村或乡镇其他家庭生活水

平存在差距吗?"46%受访者选择表示"不羡慕,可以忍受",28%选择"羡慕,但可以忍受",16%表示"不满这种差距",10%表示"忍受不了这种差距"。生活水平差距容忍度情况如图5-42所示。

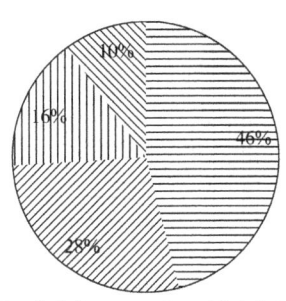

□不羡慕,可以忍受 ▨羡慕,但可以忍受 ▥不满这种差距 ▧忍受不了这种差距

图5-42 生活水平差距容忍度

(5) 对于"您觉得您家生活水平和过去3年相比提高了吗?"18%的受访者认为提高很大,48%认为有所提高,22%表示没有提高,还有12%受访者认为下降了。

(6) 对于受访者对未来家庭生活水平是否乐观,36%的受访者表示非常乐观,40%认为比较乐观,16%表示不太乐观,6%认为很不乐观,2%表示不知道。家庭生活水平预期情况如图5-43所示。

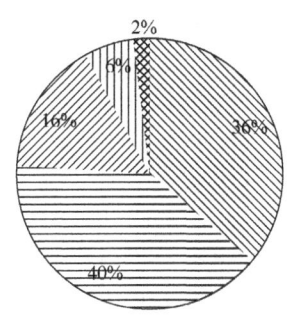

□非常乐观 ▨比较乐观 ▥不太乐观 ▧很不乐观 ▩不知道

图5-43 家庭生活水平预期

（7）对于受访者对国家、社会的前途是否乐观，32%的受访者认为非常乐观，30%表示比较乐观，22%认为不太乐观，16%表示不知道，没有受访者选择很不乐观。国家、社会前途预期如图5-44所示。

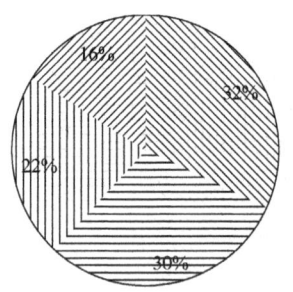

□非常乐观 □比较乐观 □不太乐观 □很不乐观

图5-44　国家、社会前途预期

（8）我们请受访者选择和自家收入及经济状况最吻合的描述，调查结果如图5-45所示。

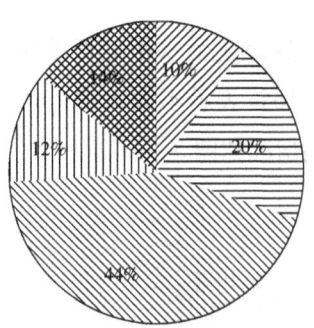

□ 有能力应对各种意外事件的发生

□ 有能力应对多项意外事件的发生

□ 没有能力应对多项意外事件的发生，
　但有能力应对一些生活基本事件的发生

□ 没有能力应对一些生活基本事件的发生

□ 不清楚

图5-45　家庭收入、经济状况描述

第五章 海南居民对收入、生活水平差距的容忍度——基于三亚、昌江、陵水、临高的调查

第七节 影响收入差距、生活水平容忍度的因素 ——推断及实证

我们推断的影响收入、生活水平差距容忍度的因素中既有宏观因素，如经济社会发展水平、社会保障水平、房价、物价，也有微观因素，如个人受教育水平、从事的职业等。我们预感到上述推论可能会引起读者的疑问，这些推论的依据何在？毕竟目前对收入和生活水平差距限度的研究较少，为数不多的经验研究也限于对微观个体收入、生活水平差距忍耐的客观描述，尚不存在系统的（收入、生活水平差距容忍度）影响因素分析，更谈不上对影响因素的实证。

我们对收入、生活水平差距容忍度影响因素的推断是建立在我们对社会发展理念的认识、对收入和生活水平差距形成原因的分析、对经济增长所处阶段的判断的基础之上的，即我们建立了一些假设。

假设1：经济及社会发展水平处于越高阶段，人群总体对收入、生活水平差距越宽容。

假设2：社会保障水平越高，人群总体对收入、生活水平差距越宽容。

假设3：个体受教育水平越高，个体对收入、生活水平差距越宽容。

假设4：个体的收入越稳定，个体对收入、生活水平差距越宽容。

假设5：社会对创业的支持程度越高，人群总体对收入差距越宽容。

我们有很强烈的兴趣，去考虑民族、宗教、家庭人口数量、婚姻状况对人们忍耐收入和生活水平差距容忍度的影响，但该研究涉及的学科之多，比如民族学、宗教、人类学等，所需的理论支点太繁杂，超出了目前阶段我们的能力，有待我们进一步拓展。

我们主要通过访谈的方法，了解受访者认为什么因素影响了其对收入、生活水平差距的容忍。我们之所以没有将我们对收入、生活水平差距容忍度影响因素的推断在问卷中表示出来，供受访者选择，主要是避免预设选项影响受访者的观点表达。调查时，我们请受访者在回答问卷问题后，谈谈什么

影响了其或其身边的人对收入、生活水平差距的容忍,并扩展到哪些因素影响人群总体对收入、生活水平差距的容忍,我们会提示受访者一些因素,比如经济形势、受教育程度,但请受访者一定不要局限于我们的提示,而是表达出本人的真实观点。

四地调查结果显示了比较一致的收入、生活水平差距容忍度影响因素的结果:四地受访者均将社会保障(部分受访者用"社会福利"这个词,我们认为他/她实际上表达的是社会保障)视为影响个体和群体对收入、生活水平差距容忍度的因素,很显然,影响是正向的——社会保障水平越高,人群总体对收入、生活水平差距越宽容。我们从与陵水三才镇受访者的交谈中了解到,当地居民几乎家家都享有医疗保险,88%的居民享有养老保险,58%的居民享受低保。城乡居民养老保险实行政府补贴与个人缴费挂钩,多缴多补。对于选择100元缴费档次的,政府给予每人每年30元的基础补贴。对于选择1 000元(含)以下缴费档次的,政府除给予每人每年30元的基础补贴外,每提高一个缴费档次再给予10元补贴。对于选择1 000元(不含)以上缴费档次的,政府除给予每人每年30元的基础补贴外,每提高一个缴费档次再给予20元补贴。享受城乡低保人员、五保户、享受定期抚恤补助金的优抚对象等缴费困难群体,由县政府按每人每年100元的缴费标准为其缴纳养老保险费。对城乡居民独生子女领证户、农村双女户(含农村少数民族三女户)夫妇落实长效避孕节育措施家庭的参保人员,县政府按每人每年100元缴费标准为其代缴养老保险费。政府实行"精准脱贫",把老化房及家中建有瓦房的,全部重新改建平房,改善居民的住所条件。

除三亚受访者外,其他三地受访者均认为受教育程度对人们忍耐收入、生活水平差距的程度影响较大,我们对比了四地受访者的受教育程度,结果如图5-46所示。

显而易见,三亚受访者相对于其他三地受访者教育程度高,正是由于较高的教育水平,三亚受教育程度对收入、生活水平差距容忍度的相对影响力小于其他三地。

三亚、昌江和临高三地受访者都提到了物价对收入、生活水平差距容忍

第五章　海南居民对收入、生活水平差距的容忍度——基于三亚、昌江、陵水、临高的调查

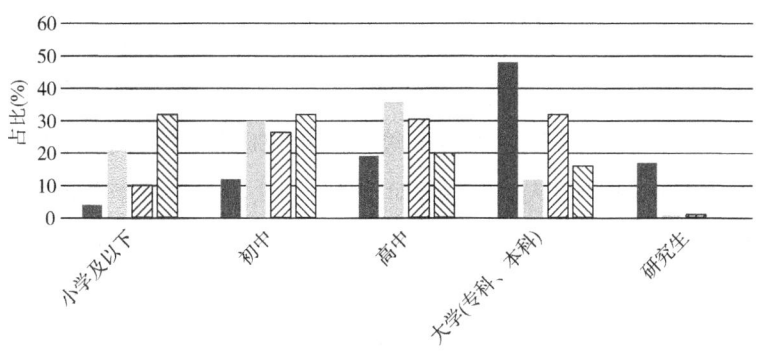

图 5-46　四地受教育程度对比

度的影响，其中，昌江和临高两地受访者都提到了"工资不涨物价涨"这一现象，而三亚受访者特地强调了三亚房价的影响——受访者作为 80 后，在调查时点普遍处于各个行业的中层，很少处在所在行业的精英阶层或者领导阶层，经济收入的增速追不上房价增速，而且三亚市开发了大量高档楼盘，购买者大都来自外地，外地人推高三亚房价，而本地人实际收入（如果把房价纳入物价水平的话）必然降低——三亚房价降低了三亚居民对收入、生活水平差距的忍耐度。

在对收入、生活水平差距容忍度的研究、调查中，我们不断思考的一个结论越来越清晰——弱势群体的收入、生活水平差距容忍度的变化是社会发展的晴雨表。三亚调查中，一位农场插队职工子女，跟随父母来到三亚后，因户籍原因自己就业难，父母下岗后留在三亚也无法享受到相应的福利补贴政策，对于收入差距"只能忍着"。阿尔伯特·赫希曼指出"隧道效应极其有利于政府，因为它包容了发展过程中几乎不可避免的收入不平等。但从另一方面来说，它又很不可靠，因为政府并不一定能提前知道隧道效应何时会衰减或何时会彻底消失。换言之，他们不知道何时该警惕公众意见的方向发生逆转。与此相反，由于前期的发展非常轻松，所有人似乎都很享受这个过程，所以这种太平日子让政府心满意足。而到了后期，这种发展过程会遭到猛烈

的抨击,因为从本质上来说,它会使富者愈富"①。

总结我们的收入、生活水平差距容忍度调研,我们认为四地群众对当前社会的收入、生活水平差距持有比较宽容的态度——尽管42%的三亚受访者认为当前社会收入差距形势"很严峻",但50%的受访者表示"看解决情况",87%的受访者将收入差距视为对生活的盼头,相信日子会越来越好。我们计算出三亚受访者个人收入差距容忍度的平均分为2.98(1分代表自己对收入差距容忍度很低,忍无可忍,5分代表自己能忍受极高的收入差距);55%的昌江受访者表示当前社会收入差距很合理,社会就是适者生存,能者居之;69%的昌江受访者表示不羡慕、能接受收入差距;36%的临高受访者对家庭未来生活水平非常乐观,40%比较乐观。

最后,我们以总理的话来总结本章:"一个船队,决定它速度快慢的不是那个航行最快的船只,而是那个最慢的船只。如果我们改善了困难群众的生活状况,也就改善了整个社会的生活状况。"②

---

① Albert O H, Michael R. The changing tolerance for income inequality in the course of economic development [J]. The Quarterly Journal of Economics, 1973, 87 (4): 544-566.
② 2007年3月16日十届全国人大五次会议举行的中外记者招待会上,温家宝总理答记者问。

第六章　共享发展的海南经验——南鹿模式

从20世纪80年代中期以来，全国各地涌现出数不胜数的"一部分地区、一部分人可以先富起来，带动和帮助其他地区、其他的人，逐步达到共同富裕"①的典型事迹乃至经验。共享发展理念是对"先富带动后富"的因循还是突破呢？本书第三章指出，以共享发展为出发点和落脚点的五大发展理念是对新中国发展观的时代创新，那么，共享发展是否有普遍模式可遵循？对于这一问题的解答，我们采用这样一种思路：寻找一个案例，分析它是否体现了五大发展理念，并试图从经济学角度来阐述它的机制。

2009年6月22日，海南日报报道了用牛奶种莲雾的小伙子邢李，第一次听到这个消息，很多人都会一脸惊讶。用牛奶种植莲雾在台湾沿用已久，并不是一件新鲜事。用牛奶种莲雾的创业者中比较有名的是三亚南鹿实业股份有限公司（下文简称南鹿）。成立于2009年7月的南鹿，是一家致力于为全球提供绿色有机食品的高新技术企业，是目前国内第一家有机莲雾种植基地。同时，南鹿实业还建有一个集品牌、生产、科研、冷链、互联网及销售为一体的莲雾示范基地，打造高端精品莲雾，为三亚南鹿水果农民专业合作社做强做大莲雾产业打造一个坚实的基础，使三亚的农业从传统向精品高效转型，让莲雾产业成为三亚农业的典范。

我们将从5个方面阐述南鹿经验的创新、协调、绿色、开放、共享元素。

第一节　从供给侧入手，以创新解决供需矛盾

南鹿从创业之初就将创新作为市场生存、发展的核心竞争力，用创新思

---

① 1985年10月23日邓小平会见美国时代公司组织的美国高级企业家代表团时的谈话。

维开发产品，挖掘、引导并最终满足市场上层次不断提高的需求。2000 年，25 岁的邢李出于对农业的热爱选择了当时还是市场冷门的热带高效农业。"当时在三亚种植芒果的人很多，效益也非常不错"，邢李和很多青年创业者一样，加入到芒果种植的行列。第一次创业，邢李选择与人合作，出人意料的是，他们在三亚崖城的芒果基地，很快就取得了不错的收益。初次创业的邢李尝到了甜头。到了 2005 年，三亚市芒果种植面积越来越大，由于种植技术成熟了，利润空间已然不大了。邢李通过分析市场形势，发现必须种植更高效的水果，来自台湾屏东的"黑金刚"莲雾价格贵、销路好，而屏东的自然条件跟三亚相差不大，对水分、土壤养分以及光照的测试后，技术人员认为三亚具备种植莲雾的条件。然后，邢李全面引进台湾的技术，种植有机莲雾，所用肥料全部为生物有机肥，使用套袋技术防虫害，"为了生产出有机食品，他的莲雾基地全部使用生物有机肥，而生物有机肥必须依靠五大菌种和牛奶、鸡蛋、鱼粉、鱼骨、黄豆等原料制成的营养剂一起使用才能见效。使用生物有机肥每株莲雾的肥料成本会增加到 50 元，但相对于每株莲雾 700 元左右收益，用牛奶种植莲雾并不奢侈"[①]。

南鹿的有机莲雾果售价不菲但需求旺盛，主要供应江浙沪和北京的高端水果市场。需求是对品质最真实的反映，而品质保证来自先进的技术和技术的创新。在生产上，公司采用"植物矮化""机械割草""牛奶种植""施生物有机肥""精确施肥""荧光捕虫""套袋管理""喷灌""复式种植"等先进管理技术。南鹿和三亚市南繁科学技术研究院、海南大学、江苏大学、中国热带科学研究院合作建立了三亚南鹿果树研究重点实验室，以创新热带果树种质资源、挖掘育种新材料、培育优质专用新品种为研究方向，建立了莲雾、菠萝蜜、芒果等新品种的选、培育技术体系。南鹿依托水果种植，开展多样化发展，开发茶品、酒品、果汁、盆景、散养家禽、干果产品，主动引导绿色消费需求，抢占市场高地。

---

① 任理轩. 坚持协调发展——"五大发展理念"解读之二［N］. 人民日报，2015 - 12 - 21 (7).

南鹿经过几年的发展，资产总额已达2 077万元，无任何债务，固定资产1 415万元，年销售收入3 520万元，纯利润750万元，每年可生产出牛奶莲雾2 500吨，产销率达100%，2016年第二届中国果业品牌大会上，南鹿莲雾获评热带水果品牌十强。南鹿的发展壮大强有力地体现了创新是引领发展的第一动力。

第二节　协调村企关系，实现互利共赢

南鹿创业以来，所获奖励、表彰、认证近30项，其中引起我们从学术角度关注的称号是"三亚市优秀农民合作组织""海南省农民合作社示范社""国家级农民专业合作社"。从事种植农业的南鹿，以何种方式获取、保有、扩大土地呢？显然采用的不是变更产权的征地方式。南鹿位于三亚市崖城区长山村的种植基地，是按照"基地规模化、生产标准化"的要求，依靠当地政府，结合农村果蔬组织（三亚崖城新兴莲雾农民专业合作社、三亚南鹿水果农民专业合作社），以农业产业化重点龙头企业（三亚南鹿实业有限公司）＋农民专用合作社＋品牌经营模式营运的合作社，由省、市级农业产业化重点龙头企业三亚南鹿实业有限公司牵头建立，现已拥有农户509户，包括莲雾种植基地1 500亩，芒果种植基地500亩。

长山村216户村民以土地入股的形式入社，这些农户每年可获得1 800元/亩的地租（地租合同3年一签，到期可续，地租每个租约开始时预付），以及36 000元保底分红（每年底支付，也可以由农户选择时间）。我们注意到两个细节：第一，这216户的土地基本连成片，便于管理；第二，入社时间有先有后，正是先入社农户获得了利益（地租和分红），激励了其他农户加入合作社。还有崖城区的135户贫困农户，以现金入股形式入社——政府扶贫资金直接拨付南鹿，这些农户的土地较为分散，因此不适宜采用土地入股的形式，否则管理成本过高。无论是土地入股农户，还是现金入股农户，都可以到基地做临时工，主要是种植工作，工资150元/日，当日结清。

合作社依靠龙头企业出资金，农民出土地入股，农民得到四种收入：技

术、土地租金、社员工资、股票分红。提供多种形式与农民合作：有出资金的、有出土地的、有出劳动力的，公司根据农民的实际情况与农民签订相应的合作合同。建立社员培训中心，对所有合作社的社员进行培训，以实现所有的社员生产的产品质量都达到标准。另外，公司还通过建立三亚南鹿莲雾重点实验室，研究莲雾花茶、莲雾酒、莲雾美容护肤等系列产品，更好地延长农产品产业链，提高农业收入。①

如果用经济学术语来定义南鹿与长山村的关系，可以用合作博弈，或者帕累托改进。通俗地讲，通过建设一种协调的村企关系，作为资本、技术、管理的投入方以及风险的承担方的南鹿，和作为土地、劳动提供方的长山村农民实现了互利共赢。

习近平同志指出，"对中国而言，'中等收入陷阱'是肯定要过去的"。"树立协调发展理念，坚持协调发展，是我国跨越'中等收入陷阱'的一大法宝。有了它，就能补短板、强整体、破制约，增强发展的平衡性、包容性、可持续性，促进各区域各领域各方面协同配合、均衡一体发展，为实现'两个一百年'奋斗目标和中华民族伟大复兴的中国梦铺路架桥。"②

第三节 绿色发展理念助民康国安

南鹿的核心价值观是"创新为先，诚信为本，健康为民，民安为国"。为了生产出更加健康的食品，公司将基地选择在三亚频出百岁寿星的南山地区。该地区不仅空气质量优，水源好，矿物质丰富，而且土壤富含莲雾特别需要的钠元素。

显而易见，南鹿的产业选择高度契合以人与自然和谐为价值取向，以绿色低碳循环为主要原则，以生态文明建设为基本抓手的绿色发展理念——生

---

① 三亚南鹿实业股份有限公司. 合作经营模式[EB/OL]. http://www.synanlu.com/html/cn/Cooperation/jidijianshe/.
② 任理轩. 坚持协调发展——"五大发展理念"解读之二[N]. 人民日报, 2015-12-21(7).

第六章 共享发展的海南经验——南鹿模式

产过程是低耗低排的,生产产品是安全健康的,生产环境是优美宜人的。建设美丽中国,"不谋万世者不足谋一时",从人和自然的关系来看,南鹿的发展是可持续的,绿色产品助民康,民康则国安,国安又促发展,这是一个自我强化的发展路径。

第四节 开放引领创新

虽然目前南鹿在国内有机热带水果市场上处于领导地位,但南鹿不满足现状,致力于开拓国际市场。2017 年 6 月,我们采访了年初参加过 2017 纽伦堡国际有机食品展的刘清副总,她毫不讳言地指出了南鹿与欧美果商的差距——人工成本高导致价格没优势。以美国苹果品牌华盛顿为例,该品牌下有 62 种苹果品种,是国内苹果品种数量的 2 倍,该品牌苹果到岸价只有 2.98 元,究其原因,是机械化极大降低了人工成本,使其形成价格优势。要想开拓国际市场,降成本是迫切要求,而机械化是降低人工成本的必由之路。刘清算了这样一笔账,一对在莲雾基地从事田间管理工作的固定工夫妻,日薪每人 150 元,再加上提成(单位提成由莲雾果等级确定),年收入在 13.5 万元~15 万元。而"机械化势在必行,由此替代的劳动力,一定要安置!"

但是"一定要安置"的底气来自哪里呢?刘清向我们透露了南鹿进一步发展的思路:扩大种植规模,规划面积 10 200 亩;优化长山村人文环境,打造莲雾小镇,发展乡村旅游、农业体验旅游。新思路展现出缜密的经济学思维——有机莲雾尚处于边际收益递增的生产阶段,因此需要扩大规模,而基于目前莲雾种植的要素投入比例,资本边际报酬是递增的,以资本替代劳动力是合理的选择;被替代的劳动力是土地的供给者,安置他们再就业也是维护和谐供需关系、稳定土地供给的一种方式,而旅游业就业门槛低,吸纳力强,和其他服务业融合度高。

海南省发展全域旅游,赋予了南鹿拓展产业的机会;国家对创业创新的重视,也为南鹿转移劳动力创造了条件。"互联网+农业+旅游,农业的下一步一定是这个概念。"南鹿总经理邢军很坚信自己的产业创新理念。

第五节 明确发展主体,积极引领发展

五大发展理念的出发点和落脚点是共享发展,在发展中要明确人民的主体地位,即人民是发展的推动者和发展成果的享受者。南鹿和长山村村民建立起和谐、互利的要素供需关系——村民将土地流转给南鹿经营,获得地租和分红,南鹿雇用村民种植莲雾,支付工资和提成。村民和南鹿具有相同的激励——莲雾的收成。然而,村企之间不仅仅是利益关系,刘清这样阐释企业应负的社会责任:"在长山村,就要考虑当地老百姓的利益。"南鹿立下"军令状",保证由政府出资入股南鹿的135户农户4年内脱贫。2013年以来,南鹿加大扶贫力度,从产业扶贫、精准扶贫、科技扶贫三个方面,积极承担惠民责任。累计为三亚市自愿种植莲雾的175户农户免费发放价值150万元的种苗60 000株,2014年向13个三亚莲雾种植农户的600亩优质基地免费发放肥料117.5吨,价值51.8万元,2015—2016年向82个本地莲雾种植农户发放85吨肥料,价值50万元,向175个莲雾种植农户免费发放150万个莲雾专用套袋,价值50万元,2016年建设莲雾标准化灌溉基地400亩,价值30万元;2016年以每亩1 300~2 000元的价格承包长山村700亩荒地种植莲雾,既减少了土地资源的浪费,又为200余户农户直接增收300万元,2016年新增固定工作岗位14个,临时工5 000人次,为农民增收145万元;2016年南鹿对接精准扶贫户,先后20多次上门扶贫,送去助学金、油米生活品、鸡苗、槟榔苗、肥料等,价值5万元,使扶贫对象成功脱贫;近3年组织三亚各区农户进行专业培训45次,下乡科技指导356次,累计培训3 000多人次,免费发放价值20万元的科技类图书5 000册,建立起2 000多平方米的三亚莲雾文化科技馆,向游客、农户宣传三亚热带特色农业。南鹿共计投入1 252.8万元,扶持、带动农户550户。

南鹿的发展壮大不是偶然的。南鹿瞄准市场尚未得到满足的需求,协调要素供需双方的关系,使各自的利益内在统一,以创新驱动生产,供给经济附加值高的产品以满足市场需求,在此基础上,扩大要素投入,用边际收益高的资本替代边际收益低的劳动力,通过创新业态形式,将过剩劳动力配置到新业态中,进一步提高经济附加值。南鹿演绎的不是先增长再分配的经济逻辑,也非对经济乌托邦的膜拜,南鹿模式是创新驱动、主体和谐、自我强化的永续发展。

第三篇　制度安排：产业发展战略和要素供给

本篇探讨什么样的制度安排，有利于共享发展在海南落地生根、开花结果：第七章，基于海南省资源禀赋，提出海南的产业发展战略，合理的产业发展战略带动经济增长，经济增长构成社会发展的物质基础；第八章，从要素的供给侧讨论促进共享发展的制度安排，分别是创新人才培养体系、创新土地使用模式和创新金融产品。

第七章 产业发展战略

第一节 产业发展战略理论综述

一、产业的概念和分类

产业主要指经济社会的物质生产部门,其定义为具有某种同类属性的经济活动的集合或系统。从产品生产的角度来看,专门生产和制造某种独立的产品的部门,也就成为一个相对独立的产业部门,如农业、工业、服务业等。由此可见,产业作为经济学概念,其内含与外延具有一定复杂性。

目前国际通用的产业分类是三分法——将社会经济部门划分为三次产业。三次产业的划分最初源于西方经济理论,1935年,英籍新西兰奥塔哥大学教授阿·费希尔在《安全与进步的冲突》中根据社会生产活动历史发展的顺序和对劳动对象进行加工的顺序将国民经济部门划分为三次产业:产品直接取自自然界的部门称为第一产业,初级产品进行再加工的部门称为第二产业,为生产和消费提供各种服务的部门称为第三产业。

根据《国民经济行业分类》(GB/T 4754—2011),我国三次产业划分如下。

第一产业是指农、林、牧、渔业(不含农、林、牧、渔服务业)。

第二产业是指采矿业(不含开采辅助活动),制造业(不含金属制品、机械和设备修理业),电力、热力、燃气及水生产和供应业,建筑业。

第三产业即服务业,是指除第一产业、第二产业以外的其他行业。第三产业包括:批发和零售业,交通运输、仓储和邮政业,住宿和餐饮业,信息传输、软件和信息技术服务业,金融业,房地产业,租赁和商务服务业,科学研究和技术服务业,水利、环境和公共设施管理业,居民服务、修理和其

他服务业，教育，卫生和社会工作，文化、体育和娱乐业，公共管理、社会保障和社会组织，国际组织，以及农、林、牧、渔业中的农、林、牧、渔服务业，采矿业中的开采辅助活动，制造业中的金属制品、机械和设备修理业。

二、产业发展战略

经济增长也好，社会发展也好，一定具有时空范畴。本书探讨海南共享发展，因此，空间上，我们研究海南的区域发展；时间上，我们研究面向未来的发展——第三章提及，五大发展理念是马克思发展观的时代创新，是对科学发展观的坚持和进一步完善。一个区域的经济发展，势必存在产业选择问题，即该区域具有发展哪一产业的资源禀赋，基于资源禀赋，应采取什么样的产业政策促进产业发展。

（一）大推动战略

犹太奥地利籍英国经济学家、奥地利经济学派的代表人物保罗·罗森斯坦·罗丹（1943）在他著名的《东欧与东南欧工业化的问题》中，提出了大推动模型（Big Push Model）。他指出，只要回报随规模增加（并非规模报酬递增），政府引导的工业化进程便是可行的，对发展中国家或地区而言，大推动战略意味着，应该对国民经济的各个部门同时进行大规模投资，以促进这些部门的平均增长，从而推动整个国民经济的高速增长和全面发展。大推动战略是均衡发展理论中具有代表性的理论。

（二）不平衡增长战略

与大推动战略相对立，犹太裔德国籍美国经济学家阿尔伯特·赫希曼（第五章我们介绍过他的"隧道效应"）主张发展中国家应有选择地在某些部门进行投资，通过其外部经济使其他部门逐步得到发展，他的这一不平衡增长观点出现在《经济发展战略》（1958），由三部分核心内容组成："引致投资最大化"原理、"联系效应"理论和优先发展、"进口替代工业"原则。

（三）主导产业理论

主导产业，顾名思义，就是在区域经济中起主导作用的产业——那些产值占有一定比重，具有技术优势，增长潜力大，产业关联度强，对整个区域

第七章 产业发展战略

经济发展有较强带动作用的产业。主导产业应具有如下特点。

第一,产业关联效应强,能对较多产业产生带动和推动作用。产业关联是指某一产业由于自身的发展而引起其他相关产业发展的作用效果。产业关联的方式既有前向的,也有后向的,还有环向的——某一产业和其他产业相互发展的作用效果。

第二,主导产业的存在及其作用会受资源禀赋、文化传统、社会制度等因素的影响,因此不同的经济发展阶段主导产业也是不一样的,它会受所依赖的资源、体制、环境等因素的变化而演替。

第三,由于主导产业应能够诱发相继的新一代主导产业,因此,特定发展阶段的主导产业是产业政策制定者根据具体条件选择的结果。一旦条件变化,原有的主导产业群就被新一代的主导产业所替代。

第四,主导产业应具有多层次性。由于发展中国家在产业结构调整和优化过程中,既要解决产业结构的合理化问题,又要解决产业结构的高度化问题,因此,处在战略地位的主导产业应该是一个主导产业群,并呈现多层次的特点,实现多重化的目标。

(四)主导产业选择对经济增长的作用

尽管主导产业的确立和扶植,受国家和地区、经济发展阶段、资源禀赋等因素的制约,但作为选择的方法和原则,又具有共性。林洪义(1992)总结了7个主导产业选择原则。

1. 优势比较准则

优势体现在三个方面——生产能力、固定资产净值、生产成果(以产业国民生产总值或国民收入指标来衡量)。主导产业的备选产业,一定是有产能、能带动就业,并且国民收入带动效应强的产业。林洪义为优势比较准则设计了三个指标。

产值规模:$SY_i = Y_i / \sum_i Y_i$,Y_i 为 i 产业的总产值;

就业规模:$SL_i = L_i / \sum_i L_i$,L_i 为 i 产业的年平均职工人数;

国民收入乘子:$SL_j = \sum_i Q_{ij} * d_i$,其中 Q_{ij} 为投入产出表中列昂杰夫矩阵的元素，d_i 为 i 产业的净产出率。

2. 高收入弹性准则

"如果对收入弹性高的商品的生产重点扶持，就有望使经济发展同国民收入增长所引起的需求结构相适应，如果在国际上该产品的世界需求收入弹性也较高，则相应地有望得到较高的出口增长率。"① 有两个指标反映高收入弹性准则。

需求收入弹性：$e_i = (\Delta p_i / p_i)/(\Delta NI/NI)$，其中 $\Delta p_i / p_i$ 为某产业产品的需求增长率，$\Delta NI/NI$ 为国民收入增长率。

产业国民经济弹性：$\eta_i = \dfrac{\Delta Q_i / Q_i}{\Delta Q/Q}$，其中 $\Delta Q_i / Q_i$ 为 i 产业的总产值或净产值增长率，$\Delta Q/Q$ 为同期所有产业的总产值之和或国民收入之和的增长率。

3. 技术进步准则

产品迅速占领市场的可能性，是其具有较高的劳动生产率、技术进步率，通俗地讲，即该产品的成本是否具有迅速降低的可能性。林洪义设计了劳动生产率上升率、技术进步率、技术进步率对产出增长速度的贡献三个指标衡量技术进步准则。

劳动生产率上升率，即某产业的劳动生产率与基年相比的平均增长率，$Dl_i = (L_{ti}/L_{0i})^{\frac{1}{t}} - 1$。

技术进步率：某产业中扣除由劳动增长和资本增长的作用后剩下的部分，$a = y - \alpha k - \beta l$。其中 y 为产出增长速度，k、l 分别是资本、劳动力的投入量增长率，α、β 分别为资金和劳动力的产出弹性。

技术进步率对产出增长速度的贡献：$Da = a/y$。

4. 强的带动波及效应准则

国民经济各部门相互依存、相互促进，一个部门的发展对其他部门都有直接或间接、强弱不一的影响，即带动波及效应。美国经济学家罗斯托认为带动波及效应是主导产业选择的关键。林洪义设计了影响力系数和感应度系数两个指标评价带动波及效应：

影响力系数，也称带动度系数或后向联系系数，$F_i = n\sum_{i=1}^{n} Q_{ij} / \sum \sum$

---

① 林洪义. 论主导产业的选择及其对经济增长的作用 [J]. 财经问题研究, 1992 (8).

Q_{ij}。其中,Q_{ij}是投入产出表中列昂杰夫逆矩阵的元素,n为该矩阵的阶数。"含义为国民经济各个部门都生产一个单位的产品时,对于总的中间投入系数来讲,j部门需要的全部投入或者说j部门提供的市场系数。"[1]

感应度系数,用来衡量某个产业前向联系广度和深度,反映了各产业对整个经济的促进作用。$B_i = n \sum_{j=1}^{n} Q_{ij} / \sum \sum Q_{ij}$。它的经济含义为,当所有产业部门的最终产品都增加一个单位产值时,j部门总产值的增加量。

5. 经济效益准则

这个准则和当前的供给侧改革的要求吻合,即经济发展模式应从追求速度转向追求质量。该准则涉及一个指标,即劳动资金产值率,$G_i = Y_i / K_i L_i$。其中,Y_i 为 i 产业的总产值,K_i、L_i 分别为 i 产业拥有的资金总额(包括固定资产净值和流动资金年平均余额)和年平均职工人数。

6. 国际贸易准则

经济全球化不可逆转,外向型经济已经成为国家的产业发展战略。林洪义设计了出口依存度和进出口相对优势两个指标。

出口依存度是指一国的出口总额占国民生产总值或国内生产总值的比重,$E_i = EX_i / Y_i$,EX_i 和 Y_i 分别为 i 产业出口总额和该产业总产值。

进出口相对优势指某个产业的净出口与进出口总量之比,$C_i = (EX_i - IM_i)/(EX_i + IM_i)$,其中 IM_i 为 i 产业的进口总额。

7. 节约能源和原材料准则

能源和原材料作为稀缺的经济资源,要本着节约的原则来利用。林洪义考虑能源消耗产出率和原材料消耗产出率两个指标,作为评价节约能源和原材料准则。

能源消耗产出率:$NY_j = 1 / \sum_{i=1}^{m} b_{ij}$,其中 m 为生产能源的部门数,b_{ij} 为投入产出表中完全消耗系数矩阵的元素。

原材料消耗产出率:$YC_i = 1 / \sum_{i=1}^{N} b_{ij}$,其中 N 是原材料生产的部门数,

---

[1] 任理轩. 坚持共享发展——"五大发展理念"解读之五 [N]. 人民日报, 2015 - 12 - 24 (7).

b_{ij} 为投入产出表中完全消耗系数矩阵的元素。

虽然林洪义的7个准则从不同角度衡量主导产业应具有的特征，但是，实践中，我们必须建立一个综合评价标准。

（五）产业政策

由于对产业政策的研究角度不同，对其学术界上尚没有统一的定义。比较普遍被使用的定义主要有以下三种：第一，是指政府指向有关产业的一切政策的总和，如："产业政策是与产业有关的一切国家法令和政策"。第二，将其理解为弥补市场缺陷的政策。即当市场失灵时，由政府采取的一系列补救的政策。如日本学者认为"产业政策是政府为改变产业间的资源分配和各种产业中私营企业的某种经营活动而采取的政策"。第三，将之理解为工业后发国家为赶超工业先进国家而采取的政策总和，如中国有些学者将之定义为"产业政策就是当一国产业处于比其他国家产业落后状态，或者可能落后于其他国家时，为加强本国产业所采取的各种政策"。本书为了给海南产业选择的讨论界定范围，将产业政策定义为：产业政策是经济政策的一部分，它包括一个国家或地区全部政治、经济措施，旨在影响当地某些产业的结构及其发展。

不可否认，产业政策对工业化过程既有积极的作用和影响，比如支持结构转型或者出台出口扶持政策，也产生过消极的影响，比如产业保护措施等。笔者以欧洲产业政策为例介绍人们对产业政策的争论。

1992年，产业政策条款被写入《马斯特里特条约》，其中第157条规定联盟及成员国应为保障产业竞争力创造必要条件。欧盟委员会希望通过这种方式适当地应对欧洲去工业化威胁。自那时起，欧洲产业政策的目标和内容就时常引起讨论。2003年，欧洲议会敦促成员国及其政府更强有力地并且目标明确地涉足一些产业分支，最早的是加工业，以提高其竞争力。2004年，德国、法国和英国要求更为积极主动的欧洲产业政策，"里斯本战略"① 的目

---

① 为加快经济改革、促进就业，欧盟15国领导人2000年3月在葡萄牙首都里斯本举行特别首脑会议，达成并通过了一项关于欧盟十年经济发展的规划，即"里斯本战略"，其目标是希望通过鼓励创新、大力推动信息通信技术的应用与发展，探索面向知识经济的下一代创新，即创新2.0，其目标是使欧盟在2010年前成为"以知识为基础的、世界上最有竞争力的经济体"。

标也由此得以实现。

欧洲产业政策存在并受人关注，Europäischen Champions 扮演了越来越重要的角色，Europäischen Champions 是指作为世界市场领军者的跨国企业，比如欧洲宇航防务集团（EADS），欧洲产业政策应该支持、援助，必要时甚至力推这样的企业。与此同时，欧洲竞争委员会对合并的过于严格的规定常常受到政治家的批评——企业间强有力的联合因此被阻碍了，比如禁止斯堪尼亚和沃尔沃合并。批评者们强调，对 Europäischen Champions 的支持似乎为实现国家区位政策和就业政策的目标而被滥用，比如在法德 Aventis 制药集团和法国 Sanofi - Synthélabo 制药集团之间展开的对接管争夺战。

自 2009 年以来，银行危机、主权债务危机、不动产危机、欧元危机叠加，导致真实利率非常低，投资实体经济有利可图。然而，对于主打绿色牌的产业政策能否促进经济可持续增长，还是有争论的，比如，一段时期以来，在欧洲一些国家甚至欧盟层面上，支持电动交通的呼声很高，然而，2014 年年中以来，它离市场越来越远了。

（六）海南省产业发展战略

黄景贵、张尔升、杨红（2009）回顾了从中华人民共和国成立到国际旅游岛建设上升为国家战略期间的海南省产业发展战略，他们指出，"建省初期，海南的产业发展在探索中经历了曲折和反复，不但没有形成优势产业，甚至出现了泡沫经济。但必须肯定，随着对省情认识的不断深化，省委、省政府立足本地资源实际，对产业发展战略进行调整和优化，科学制定并实施了'一省两地'产业发展战略，着力打造产业特色，努力把海南建设成为中国的新兴工业省、中国热带高效农业基地和中国度假休闲旅游胜地。热带高效农业、现代工业、海岛旅游业迅速崛起，使海南经济的发展取得了较为显著的成效"[①]。

2009 年 12 月 31 日，国务院《关于推进海南国际旅游岛建设发展的若干意见》（下文简称《意见》）以国发〔2009〕44 号印发。《意见》昭示海南省

---

① 黄景贵，张尔升，杨红．海南产业发展战略研究［M］．海口：海南出版社，2009：16.

经济、社会发展进入一个新时代——海南岛的发展上升为国家战略。《意见》从指导思想、战略地位和发展目标上明确了海南省的发展方向,指出"走生产发展、生活富裕、生态良好的科学发展之路;积极发展服务型经济、开放型经济、生态型经济,形成以旅游业为龙头、现代服务业为主导的特色经济结构;着力提高旅游业发展质量,打造具有海南特色、达到国际先进水平的旅游产业体系;注重保障和改善民生,大力发展社会事业,加快推进城乡和区域协调发展,逐步将海南建设成为生态环境优美、文化魅力独特、社会文明祥和的开放之岛、绿色之岛、文明之岛、和谐之岛"[1],将海南省定位为我国旅游业改革创新的试验区、世界一流的海岛休闲度假旅游目的地、全国生态文明建设示范区、国际经济合作和文化交流的重要平台、南海资源开发和服务基地、国家热带现代农业基地。

海南省紧紧把握住供给侧改革带来的机遇,深化产业结构调整,产业结构明显优化,效益提升显著,旅游业迈向更高层次,特色高效农业、互联网+产业相继开花结果,呈现出百舸争流局面:"旅游业转型升级步伐明显加快,实施'国际旅游岛+'计划,从'点、线、面'全方位推进全域旅游示范省创建,推出滨海度假、山海户外等十大套餐式精品旅游线路,加快培育海洋旅游、乡村旅游、航天主题文化旅游等新业态,新开辟、恢复国际航线27条。预计全年接待游客6 030万人次,旅游总收入661亿元,分别增长13%、13.5%;国际游客和国际旅游收入分别增长19%、45%,连续多年持续下降势头得到遏制……热带高效特色农业加快发展,调整甘蔗种植15.2万亩,大力发展南繁育种、特色种植养殖、现代渔业、农产品深加工等,创建20家省级现代农业示范基地,积极培育一批现代农业龙头企业,新认证'三品一标'农产品100个。"[2]

海南省三次产业比例由2015年的1∶1.02∶2.30调整为2016年的1∶0.93∶

---

[1] 《国务院关于推进海南国际旅游岛建设发展的若干意见》,国发〔2009〕44号,2009年12月31日。

[2] 朱永. 2016年海南经济结构优化明显产业培育显成效[EB/OL]. http://news.cnr.cn/native/city/20161225/t20161225_ 523390927. shtml.

2.24,农业相对于工业和服务业,比例上升,2015—2016 年海南省主要经济指标如表 7-1 所示。

表 7-1 2015—2016 年海南省主要经济指标

全省主要经济指标(亿元)		全省生产总值	第一产业	第二产业	第三产业
2016 年 12 月	本月止累计	4 044.51	970.93	901.68	2 171.90
	比上年同期增减%(累计)	7.5	4.1	5.1	10.1
2015 年 12 月	本月止累计	3 702.76	855.82	875.13	1 971.81
	比上年同期增减%(累计)	7.8	5.3	6.5	9.6

第二节 基于共享理念的海南产业发展战略

五大发展理念的核心是共享——即发展为了人民、发展依靠人民、发展成果由人民共享。虽说人类发展的内涵比经济增长更丰富,视野更广阔,但发展离不开经济增长。人类社会早已发展到分工协作的生产组织阶段,产业对经济增长的作用是决定性的,经济增长通过产业的规模扩大、效益提升来实现。因此,对于区域发展,首先确定产业发展战略,选择主导产业,安排积极的产业政策,促进产业增量提效,是应有之义。

《意见》为海南省产业发展指明了方向——以旅游产业为主导产业,延伸旅游产业价值链,打造"旅游+"产业体系。2015 年 12 月 3 日,中共海南省第六届委员会第九次全体会议通过《关于制定国民经济和社会发展第十三个五年规划的建议》(下文简称《建议》),《建议》首次提出着力打造 12 个重点产业,为可持续发展提供有力的产业支撑。海南省 12 大重点产业是旅游产业、热带特色高效农业、互联网产业、医疗健康产业、金融服务业、会展业、现代物流业、油气产业、医药产业、低碳制造业、房地产业、高新技术、教育及文化体育产业。这 12 个产业,既有"龙头"——推动以旅游业为龙头的

现代服务业突破性发展,又有"王牌"——就是习近平总书记2013年视察海南时提出的"把热带特色现代农业打造成海南经济的一张王牌"。

无论是国家战略,还是本地发展规划,都将旅游业视为海南省的主导产业。下面笔者将从5个方面来分析其依据。

一、独特的旅游资源和环境

海南富集海、岛、山、河,资源丰富多样、组合度好,在相对较小的范围内集中了滨海沙滩、热带雨林、珍稀动植物、火山与溶洞、地热温泉、宜人气候、洁净空气、民族风情等丰富的自然资源和人文资源。

二、较为完善的基础设施

从交通方面看,随着博鳌机场于2016年12月29日复航,海南省将拥有3个国际空港。2015年三亚凤凰国际机场客流量超过1 600万,已成立4家基地公司,执飞三亚的航空公司达到36家,其中国内航空公司24家、国际及地区航空公司12家;开通航线295条,其中国内航线232条,地区航线3条,国际航线60条;通航城市138个,其中国内城市80个,地区城市3个,国外城市55个。航线网络覆盖全国主要省会城市、重点旅游城市及俄罗斯、东亚、东南亚部分国家和地区。2017年6月3日,海口美兰机场比2016年提前34天实现客流量破千万。2015年12月30日海南西线高铁正式运营,标志着全球第一条环岛高铁贯通,全长653公里,让海南岛实现"3小时交通圈"。

住宿方面,截至2015年底,海南省分市县星级酒店数如表7-2所示。

表7-2 海南省分市县星级酒店数

市县	合计			五星			四星		
	饭店数	客房间数	床位数	饭店数	客房间数	床位数	饭店数	客房间数	床位数
海口市	43	8 347	13 660	7	2 274	3 386	14	3 188	5 109
三亚市	44	12 071	20 753	14	6 671	11 128	17	3 766	6 653
五指山市	6	473	809				1	105	144

续表

市县	合计			五星			四星		
	饭店数	客房间数	床位数	饭店数	客房间数	床位数	饭店数	客房间数	床位数
文昌市	3	425	764	1	250	404			
琼海市	12	1 589	2 720	2	773	1 315	1	152	265
万宁市	24	4 991	9 651	2	814	1 336	8	2 477	4 877
临高县	1	56	91						
儋州市	4	371	695						
东方市	3	177	336						
琼中县	1	80	148						
陵水县	3	203	401						
全省总计	144	28 783	50 028	26	10 782	17 569	41	9 688	17 048

市县	三星			二星			一星		
	饭店数	客房间数	床位数	饭店数	客房间数	床位数	饭店数	客房间数	床位数
海口市	18	2 566	4 605	4	319	560			
三亚市	10	1 431	2 561	3	203	411			
五指山市	3	242	452				2	126	213
文昌市	2	175	360						
琼海市	9	664	1140						
万宁市	14	1 700	3 438						
临高县	1	56	91						
儋州市	3	311	587	1	60	108			
东方市	2	125	232	1	52	104			
琼中县	1	80	148						
陵水县	1	102	200	1	68	135	1	33	66
全省总计	64	7 452	13 814	10	702	1 318	3	159	279

三、形成一定规模和效益

根据2016年《海南统计年鉴》,2015年海南省国内旅游收入为528.08亿元人民币,国际旅游收入2.48亿美元,根据中国人民银行公布的2015年人民币与美元汇率表,估算出2015年美元兑人民币汇率平均值为6.2272(月平均汇率的简单平均值),进而估算出海南省2015年全年旅游收入为543.52亿美元,约占2015年海南省地区生产总值的15%。2016年,"全省预计实现旅游业增加值310亿元,占全省地区生产总值的7.7%,同比增长10.9%,对12个重点产业总体增长的贡献率11.4%。预计全省接待游客6 023.59万人次,同比增长12.87%,实现旅游总收入669.62亿元,同比增长16.97%,入境游下降势头得到遏制,其中接待入境游客74.89万人次,同比增长23.09%,旅游外汇收入3.5亿美元,同比增长41.13%,增速创五年新高"①。

四、对其他产业拉动大,产业融合性强

《海南国际旅游岛建设发展规划纲要(2010—2020)》(下文简称《规划》)指出,"以旅游六大要素为基础,以国际化改造为手段,加快创新旅游产品,推进旅游业与相关产业高度融合,全面提升旅游管理水平和服务质量,构建现代旅游产业体系"②。旅游业的发展能带动其他产业发展,这是不争的事实,前面指出,2016年旅游业增加值对12大重点产业总体增长的贡献率达到11.4%。海南凭借阳光、空气、海、岛、岸、山、林、泉的自然禀赋以及不断完善的服务设施、日益提高的经营管理和服务水平,具备了发展经济附加值更高的高级旅游业态——休闲旅游的比较优势,这是旅游产业链的延伸;休闲旅游业和私人银行的需求者存在交集,那么海南的旅游业和现代金融服务业也具有融合的可能性,而《海南省人民政府关于加快发展现代金融服

---

① 罗敏. 海南2016年旅游收入669亿元入境游下降势头得到遏制[EB/OL]. http://www.hinews.cn/news/system/2017/01/20/030944393.shtml.
② 海南省委、省政府组织编写. 海南国际旅游岛建设发展规划纲要(2010—2020)[EB/OL]. http://www.visithainan.gov.cn/government/lvyoudao/jiansheguihua/#4.

第七章 产业发展战略

业的若干意见》提出提高金融要素集聚水平,加快金融创新步伐,打造海南金融业的特色优势的战略;海南旅游业也可以和文化融合,陆志远(2011)指出海南旅游发展的实践证明,旅游产业和文化产业融合发展,相得益彰,密不可分,"海南一批市场热点的特色品牌景区,正是由于抓住了文化,让景区拥有了可以持续发展的'魂'……把国际旅游岛建设作为国家旅游产业和文化产业融合发展的示范工程,促进文化产业与旅游产业的创新融合和互动发展……创新开展文化与旅游的联合宣传推广,实现旅游与文化的共同繁荣"①。

五、旅游业吸纳就业能力强

海南的要素禀赋,除了前面已提到的"独特的旅游资源和环境"外,劳动力是支撑旅游业发展的重要因素——旅游业吸纳劳动力,劳动力增收,维持生活并(通过教育)提高劳动效率、拓展认知视野,实现自我发展,反过来促进行业效率和效益的提升,形成自我强化的产业路径。

海南省教育厅高等学校科学研究项目"人力资本积累对海南省农村劳动力转移的影响"课题组调查了海南具有代表性的720户农村居民,调查显示,"转移出去的劳动力呈现出明显特征:①转移出去的农村劳动力以青壮年为主,年龄在16~30周岁的占到统计总数的82%;②外出就业的农村劳动力受教育水平较低,初中及以下文化程度的人数比例为76.2%,且高于农村劳动力整体受教育水平;③外出就业的农村劳动力中,有22.4%接受过劳动技能培训,且工资水平明显高于其他转移就业劳动力;④常年外出和举家外出的农民工数量增加,农村劳动力转移的稳定性有所增强"②。这一调查揭示了海南劳动力市场供过于求的现状,即便外出务工,囿于较低的受教育水平,仅仅谋生而已,发展自我的可能性较小。我们认为,针对海南省这一劳动力供

---

① 陆志远. 大力推进文化和旅游融合发展提升海南旅游的魅力和竞争力 [N]. 中国旅游报, 2011 - 11 - 25 (006).
② 陆德明,高一兰. 人力资本积累与海南农村劳动力转移规模的实证分析 [J]. 经济师, 2011 (2): 213 - 213.

需矛盾,支持就业吸纳能力强的产业发展壮大,不失为兼顾增长和分配的发展策略。

旅游业的就业吸纳能力,或者说就业贡献率,学界研究颇多。石培华(2003)界定了旅游业就业范围,划分了就业层次,从优化就业结构、扶助弱势群体就业、降低全社会就业成本、减少城乡就业冲突、润滑就业环境、推进就业市场化和国际化6个方面,测算分析了中国旅游业对就业的贡献。根据他的计算,2002年,旅游核心直接就业规模达到800万人,综合就业达到4400多万人,占到全部就业的5.1%;他指出"旅游业促进农村剩余劳动力向非农产业转移,在扶贫和转移农村剩余劳动力就业上发挥了突出作用,是扶贫效果最好、成本最低、返贫率最低、受益面最宽、拉动性最强的行业之一"①。

正如阿马蒂亚·森所说,"个人被看作是参与变化的能动的主体,而不是分配给他们的利益的被动的接受者"②,主体对创造性活动的参与决定了他们享有分配创造性活动成果的权利,这也契合发展为了人民、发展依靠人民、发展成果由人民共享的理念。一方面,满足广大人民参与发展的要求,创造他们进行创造性活动的条件,比如通过扶持创业、促进就业;另一方面,保障发展主体公平地享有成果,让人民群众有更多"获得感",比如改革收入分配体制、健全社会保障体系。

最后,我们用党的八届三中全会公报中的一句话来总结本节的讨论:"让一切劳动、知识、技术、管理、资本的活力竞相迸发,让一切创造社会财富的源泉充分涌流,让发展成果更多更公平惠及全体人民。"③

---

① 石培华.中国旅游业对就业贡献的数量测算与分析[J].旅游学刊,2003(6):48-48.
② 阿马蒂亚·森.以自由看待发展[M].任赜,于真,译.北京:中国人民大学出版社,2009:25.
③ 中国共产党第十八届中央委员会第三次全体会议公报,2013年11月12日中国共产党第十八届中央委员会第三次全体会议通过。

第八章 基于要素供给的制度安排

第一节 发展是供需矛盾的解决

微观经济学研究稀缺资源如何配置以满足人们需求的问题。产品的生产被视为满足人们需求的方式，根据经济增长理论，社会总产品的增长取决于要素的投入量及组合方式。要素是对各种生产投入的总称，要素的分类经历了二要素论到五要素论的发展过程。威廉·佩第在《赋税论》一书中指出"土地是财富之母，劳动则为财富之父和能动要素"，即二要素论；萨伊在《政治经济学概论》一书中认为"价值是劳动（或人类的勤劳）的作用、自然所提供的各种要素的作用和资本的作用联合产生的成果"，即三要素论；马歇尔在《经济学原理》一书中提出，"组织"（即我们现在所说的管理或企业家才能）对于生产起着重要的作用，因此他把"组织"列为第四要素，即四要素论；西蒙·库兹涅茨认为一国的经济增长能力"基于改进技术，以及它要求的制度的和意识形态的调整……先进技术是经济增长的一个允许的来源"，即五要素论。当然，也有学者认为，当今信息在经济发展中的作用越来越突出，也是一种要素。

发展显然是比要素投入及其产出这一微观经济问题宏大得多的问题，从时间角度看，发展伴随人类文明的全过程；从空间角度看，发展涉及人类生活的每个角落。按照马克思主义发展观，发展是人通过创造性活动改变社会的过程，这一过程也改变了人的自身——实现全面自由的发展。

人的创造性活动本质上是利用要素进行生产，生产的结果既有物质性的，也有精神性的，人通过消费自身生产出来的产品或服务，满足自身不同层次的需求，并拓展自身的能力，随着能力的拓展，需求层次不断提高，

需求也越来越多样化,这就导致一个发展困境,不断拓展的能力,究竟能否实现对稀缺资源的配置,以满足不断扩张的需求?马尔萨斯的贫困法则描述了发展困境的悲观结局,显然被人类文明进程证明是彻头彻尾的谬误了;罗马俱乐部的"末日悲观理论"从资源和环境的制约出发,预测了面对无止境的人口增长和物质需求,两者的矛盾最终将把人类文明引向崩溃,引起了全世界的重视,《巴黎气候协定》便是人类对自身发展深刻思考后做出的庄重承诺。

而中国共产党人是如何面对发展困境呢?那就是始终把发展作为执政兴国的第一要务,并且不断创新马克思主义发展观。五大发展理念是人类命运共同体解决发展困境的方案,它的微观基础是供给侧结构性改革。供给与需求是一对矛盾,是推动人类社会发展的矛盾统一体。供需在发展中产生矛盾,矛盾积累到一定程度,主体施加作用使得需求适应供给,或者使得供给满足需求,人类就是在供需矛盾一次又一次解决中,求得了发展。供给侧结构性改革针对长期以来我国存在的经济结构不合理,资源配置缺乏效率,人民群众物质的、精神上的需求未能得到充分满足的问题,从生产领域加强优质供给,减少无效供给,扩大有效供给,提高供给结构适应性和灵活性,提高全要素生产率,使供给体系更好地适应需求结构变化。

笔者认为,将供需矛盾及其解决作为发展的微观基础,体现了共享发展理念的精髓。不论是人的全面自由的发展,还是发展就是对自由的扩展,都将主体的需求置于核心地位。需求的多层次性,也体现了人类的发展。供给从来都是为需求服务的,这并非用萨伊定律来解释人类发展,而是因为供给者天生就是消费者,人类的一切创造性活动创造、满足、丰富、拓展了自身的需求。

毫无疑问,对需求的供给来自人类创造性活动。追溯供给的源头,生产要素对于满足人类需求的作用就凸显出来。需要提醒读者注意的是,不是物质产生供给,而是人产生供给,因为首要的生产要素是人的劳动,并且人的有目的的劳动支配形成了其他要素。而人既是供给者,又是需求者,并且首先是需求者,所以人是第一生产要素。图8-1显示了发展可以被看作供需矛盾的解决。

显然，作为社会成员的人要受制度约束，人之所以接受制度安排，是因为政府安排的制度提供给他们进行创造性活动的条件，并能保证他们按自己的创造享有成果。制度安排是人类发展的关键环节，人有无创造能力、有无创造活力、有无创造的物质保障、能否获得合理的要素价格、能否享有公平的分配条件，都依赖制度安排。

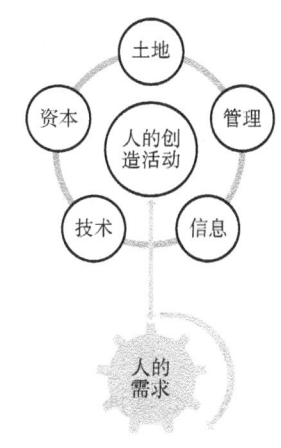

图 8-1　发展作为供需矛盾的解决

什么样的制度安排能促进供需矛盾的解决呢？就是要强调主体的能动性，并且保证主体能享有创造性活动的成果。从这一角度来看，五大发展理念是解决供需矛盾的必由之路。

接下来，我们从要素的供给——创新人才培养模式、土地权益保障、创新金融服务三个方面，结合海南省省情和产业发展战略，讨论哪些制度安排可促进共享发展在海南落地生根、开花结果。

第二节　产、校、企协同，紧密对接产业人才需求

本书已经表明，人是第一生产要素，是解决供需矛盾的关键。对于人类的发展，教育是基础功能性活动。通过教育，主体认知客观，掌握规律，修习技能；通过教育，主体认识自我，形成价值观，发展个性。

然而，本书主题并非探讨教育本质、理念、方法以及手段，笔者考虑的是与共享发展理念相匹配的人力资本输出的教育安排。"我们的人民热爱生活，期盼有更好的教育、更稳定的工作、更满意的收入……期盼孩子们能成长得更好、工作得更好、生活得更好。人民对美好生活的向往，就是我们的

奋斗目标。"① 习近平同志的上述表述把教育放在美好生活首位。党的十八大以来，党和国家在促进教育发展方面做了很多部署：《关于全面改善贫困地区义务教育薄弱学校基本办学条件的意见》是教育领域"补短板"的重要举措，将教育公平、教育均衡发展作为教育兴国的根本考虑，而《关于加快发展现代职业教育的决定》扩大了受教育者的选择集，确立了人人皆可成才、人尽其才的教育发展导向，把教育兴国的理念细化到教育促进产业发展上。

从共享发展理念的本质上看，教育应该提供给每个人"出彩"的机会。海南的教育现状，具有鲜明的城乡二元特征，因此，实现教育资源均衡化和公平化是海南省共享理念下教育发展的首要目标。明确了教育的广度问题，紧接着就要考虑教育的深度问题，诚然，高等教育大众化是历史必然的选择，但以何种方式推动高等教育大众化是一个值得思考的问题，不能片面强调高等教育的量，而要注重高等教育的质。《海南省教育事业发展十三五规划》量化了海南省教育的广度和深度目标：到 2020 年，十五年基础教育基本普及。基本普及学前教育，学前三年毛入园率达到 86%；义务教育巩固率达到 95%；高中阶段毛入学率达到 90% 以上；高等教育毛入学率达到 50% 左右，应用型、复合型、创新型人才培养比例大幅度提高。

无论对教育的广度，还是对教育的深度，海南省都有明晰的目标。本书结合海南的产业发展战略，认为海南省可从以下方面促进人力资本形成。

一、政府引导，产、校、企协同，以联盟形式创新产业人才培养模式

紧密对接省重点发展产业的人才需求，推进高等教育、职业教育的学校和学科专业布局调整，充分发挥省教育厅引导作用，积极促进产业、学校、企业的产、教、研融合，构建三方人才培养联盟，保障教师、研究人员、学生的智力型劳动得到合理的回报，加强创新、创业教育，加大对在校学生创业的支持。2016 年 7 月，海南省政府办公厅发布了《海南省十二大重点产业

---

① 2012 年 11 月 15 日，在党的第十八届中央委员会第一次全体会议上当选的中共中央总书记习近平与中外记者见面会。

人才培养五年行动计划》，提出创建"1对1"产教合作创新人才培养联盟，即1个创新人才培养联盟对接1个省重点产业，联盟由政府和行业主管部门指导，由1个高校牵头组织多个高校和职业学校，省重点产业的行业协会或重点企业参加，每年召开创新人才培养联盟会议，搭建供需双方沟通平台，提高专业设置、课程设置与社会需求的适应性，并逐步扩展到人才联合培养、订单式培养等多种合作方式，全面提高人才培养的岗位匹配度。联盟通过讨论产生创意、通过交流发现供需，联盟成员通过招标、投标达成交易，促进产品、服务的市场化。

二、引进教育战略合作者，加强中外合作办学吸收国外产业人才培养先进经验

瑞士、美国在旅游管理、酒店管理，美国、以色列、荷兰、德国等国在育种、农业集约生产、园艺，美国、英国、瑞士在现代金融服务，德国在智能建筑，英国在体育产业，都有着深厚的产业基础以及先进的人才培养理念和模式。政府应深化国际教育合作，积极寻求与上述国家专业院校的合作，引进办学或者合作办学，本着"请进来、走出去"的原则，引进国外产业人才在海南就业、创业，支持本土产业精英赴国外研修、求学、就业、创业。

三、推动应用型大学转型，加快高等教育和职业教育专业、学科调整

以学科建设为抓手，从教学内容、教学方法、教学手段方面，探索应用型人才培养模式，推动向应用型大学转型。引导并支持学校根据学科特点及特色，紧密结合12大重点产业所需人才的素养、能力要求，经充分调研和论证，开设新专业。

第三节 政企、农企合作，创新土地利用方式

随着国际旅游岛建设的推进，对土地的需求越来越大，土地的供给却是有限的。目前来看，土地供需的矛盾主要在于现有的土地征用不能充分保障

被征地者的权益。本书第四章指出，失地农民希望生活水平不因征地而下降，而就业是对生活水平的保证，如何促进、保障失地农民的就业呢？显然，南鹿模式给了我们很好的启示——不改变土地的用途和所有权，通过创新增加土地的经济附加值。对于以旅游业为主导产业的海南省来说，南鹿的热带水果种植用地模式是否具有代表性呢？

第六章指出，南鹿筹划出"农业＋旅游"式的产业融合发展，同样，南鹿坚持与民分利的思路，出方案、出资、出工，为农户修缮房屋，改造成可供接待游客的农家乐、民宿，并提供培训来提高农民相关技能，正所谓授之以鱼不如授之以渔。发展乡村旅游需要改善乡村基础设施，南鹿提出 PPP 模式，PPP 是指政府与私人组织之间，为了合作建设城市基础设施项目，或是为了提供某种公共物品和服务，以特许权协议为基础，彼此之间形成一种伙伴式的合作关系，并通过签署合同来明确双方的权利和义务，以确保合作的顺利完成，最终使合作各方达到比单独行动更为有利的结果。

南鹿始终把创新作为发展的原动力，又用创新的回报带动农民致富，南鹿模式得到了政府的认可——2015 年 11 月，国务院国有资产监督管理委员会有色金属机关服务局为南鹿注资 2 500 万元。

南鹿模式具有推广的意义，这是基于海南发展全域旅游的资源禀赋得出的结论。"金山银山，不如绿水青山"，然而，能吸引外地游客来，还得能稳定本地居民流。对土地的征用，往往会带来两种负面后果：一种是征地补偿不合理、生活安置不妥善、就业保障不到位引起的失地农民生活水平下降；一种是征地补偿一次性大笔发放，引致失地农民过度消费，而补偿款花费殆尽后，生活水平又大幅退步。无论是哪种情况，都背离了共享发展的本意。土地应作为生产要素使用，而不是作为商品售卖。

对于公共建设土地征用，本着先安置、再征用的原则，稳定被征地者的生活；通过政企合作，积极创造就业岗位，提供就业培训，保障被征地者工作的权利；对于失地农民，应为其购买医疗保险、失业保险、养老保险；变一次性货币补偿为分期货币补偿。

对于商业开发土地征用，坚守环境底线；严格审批程序；引导企业牵头

第八章 基于要素供给的制度安排

建立农业合作社,发展特色耕种和养殖、乡村旅游产业,鼓励企业采取PPP方式投资农村基础设施建设。

在有条件的地区,走农业规模化发展道路,引导农民开办家庭农场。探索建立家庭农场准入/退出机制:对家庭农场的开办,实行申请审核制。家庭农场申请者,应提交农场经营规划,包括土地面积、资金需求、经营内容、雇工计划、技术需求、销售渠道、融资手段等;地方政府成立由农业、土地、水利、工商、民政等部门人员,法律顾问,农业技术人员,金融机构代表,当地家庭农场和农业合作社代表等组成的论证组。以"非农"为一票否决标准,进行公开、透明的准入审核,审核通过则准入。对于已经登记的家庭农场,组织相关部门对其依法合规经营及经营效益进行实质性审查,触碰"非农"红线的,责令退出,对于农产品产量低、销路差、经营效益低的农场,摸清情况,给予其一定期限的观察期,帮扶其制定经营规划,如果在观察期农场经营有改善,则延长观察期,直至农场经营者在市场站稳脚跟;如果经营始终未见起色,则允许其退出。探索放开家庭农场身份限制,引入非农身份兴办家庭农场,只要依法合规申请,符合准入条件,且资金来源正当。可以利用非农农场经营者的资金、管理、技术、创意、信息流、人际网络等要素,促进三产融合,拉长农业产业链,提高农产品附加值,比如农林牧渔产品深加工、农产品认证及原产地追溯体系、良种培育、农业技术培训、农机研制、观光农业等。探索土地承包权入股制度,流转土地的农户在流转完成时获得流转金,在流转期,视农场经营效益获得分红,这样,既能降低家庭农场在土地流转过程中的成本,又可以保证入股的农户有稳定的分红收入。

第四节 创新金融服务,满足多层次需求

一、金融产品创新——基于目标首达时间的资产组合分析

金融产品是人们投融资活动的载体,也具有分散风险的作用。2 000多年前的古希腊人说过"不要把所有的鸡蛋放在同一个篮子里",就蕴含了分散投

资以降低风险的道理。

马科维茨创立了现代资产组合理论,他的均值—方差模型($E-V$)假设:①投资者以收益率的均值衡量未来实际收益率的总体水平,以收益率的方差衡量收益率的风险,因而投资者只关心资产组合收益率的均值及其方差。②投资者是不知足和风险厌恶的,即投资者在具有相同风险的资产组合之中,偏好收益最大的资产组合。① 以包含两种风险资产的资产组合为例,组合边界由资产组合收益率的方差关于资产组合收益率的均值的二次函数所确定,而组合有效集是组合边界在最小方差组合以上的部分。

然而,投资者的偏好往往包含价值和时间两个维度的特征——资产组合决策通常回答这样的问题:资产价值多久达到何种水平?一方面,投资者希望在确定的投资时间内,资产升值越多越好;另一方面,他们也希望确定的投资目标能尽早实现。因此,资产组合理论既应从价值维度也应从时间维度分析投资者的偏好,定义投资目标,进而建立各自维度上的资产组合分析模型。显而易见,马科维茨的均值—方差模型是价值维度上的资产组合分析模型。

如果给定资产组合的价值目标(即收益率目标),由于资产组合价值遵循随机过程,因此资产组合价值目标的首次达成时间(first passage time,简称"目标首达时间")是随机变量。对于追求给定价值目标的投资者来说,目标首达时间是资产组合决策需要考虑的关键变量,因此,需要构建优化目标首达时间的资产组合分析模型。

托马施·伯克哈特(Thomas Burkhard)于2000年建立了目标首达时间的均值—方差模型($E_\tau - V_\tau$)。该模型解决相关问题:具有确定价值目标的投资者应该如何构造资产组合以使目标首达时间的分布最大化其在时间维度上效用。② 该模型将投资者在时间维度的偏好置于核心地位。

图8-2揭示了马科维茨均值—方差模型的研究视角。

---

① Harry M Markowitz. Portfolio selection [J]. Journal of Finance, 1952, 7 (1): 77-91.
② Thomas Burkhardt. Wachstumsorientierte portfolioselektion auf der grundlage von zielerreichungszeiten [J]. OR Spektrum, 2000 (22): 203-219.

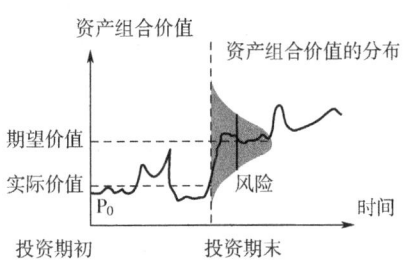

图 8-2 马科维茨均值—方差模型视角

图 8-3 揭示了目标首达时间均值—方差模型视角。

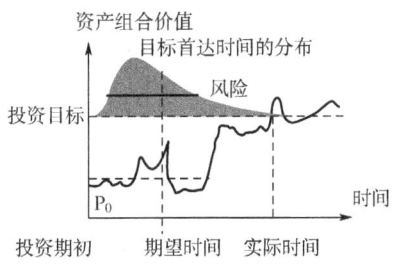

图 8-3 目标首达时间均值—方差模型视角

本节介绍金融创新的一个理论基础——目标首达时间的均值—方差模型。首先描述证券及资产组合价值的随机过程，它是目标首达时间优化问题的出发点；接着描述目标首达时间的随机过程，它对模型的规范表述及求解具有重要意义；然后介绍目标首达时间的均值—方差模型，包括模型假设、模型的规范表述、模型求解、组合边界以及组合的有效集；最后指出该模型的理论意义、缺陷以及应用性。

（一）证券及资产组合价值的随机过程

1. 风险证券的价值随机过程

假设存在 N 种风险证券。如果证券 i 在 t 时刻的价值服从随机过程

$$\frac{\mathrm{d}p_{it}}{p_{i0}} = \alpha_i \mathrm{d}t + \sigma_i \mathrm{d}z(t) \tag{8-1}$$

则说证券 i 的价值服从代数布朗运动，p_{i0} 是证券 i 在 0 时刻（即投资期初）的

价值,p_{it} 是证券 i 在 t 时刻的价值,α_i 是证券 i 单位时间价值变化率的漂移率,σ_i 是证券 i 单位时间价值变化率的波动率,$\sigma_i > 0$ 且有限。① $z(t)$ 表示维纳过程。根据式 8-1,有

$$p_{it} = p_{i0} + p_{i0}\alpha_i t + \sigma_i \mathrm{d}z(t) \qquad (8-2)$$

对于 $t > 0$,p_{it} 服从正态分布:

$$E(p_{it}) = p_{i0} + p_{i0}\alpha_i t \qquad (8-3)$$

$$\mathrm{Var}(p_{it}) = p_{it}^2 \sigma_i^2 t \qquad (8-4)$$

定义 $R_{it} = \dfrac{p_{it} - p_{i0}}{p_{i0}}$ 为证券 i 在 $0 \sim t$ 期间的相对收益率,则 R_{it} 服从正态分布:

$$E(R_{it}) = \alpha_i t \qquad (8-5)$$

$$\mathrm{Var}(R_{it}) = \sigma_i^2 t \qquad (8-6)$$

且 $R_{i0} = 0$。

2. 证券及资产组合价值的随机过程

构成资产组合的证券的价值随机过程和投资策略共同决定了资产组合价值的随机过程。考察一个由 N 种服从式 8-1 描述的代数布朗运动的证券构成的资产组合。定义 $p_t = (p_{1t}, \cdots p_{it}, \cdots, p_{Nt})$ 为证券价值向量,定义 $P_t = \mathrm{diag}(p_t)$ 为证券价值矩阵,定义 $n_t = (n_{1t}, \cdots n_{it}, \cdots n_{Nt})$ 为证券持有量向量,其中 n_{it} 表示投资者在 t 时刻持有证券 i 的份数,定义 $\alpha = (\alpha_1, \cdots \alpha_i, \cdots, \alpha_N)$ 为证券价值变化率的漂移向量,定义 $\sigma = (\sigma_1, \cdots \sigma_i, \cdots \sigma_N)$ 为证券价值变化率的波动向量。定义 $\rho = \begin{pmatrix} \rho_{11} & \cdots & \rho_{1N} \\ \vdots & \ddots & \vdots \\ \rho_{N1} & \cdots & \rho_{NN} \end{pmatrix}$ 为证券价值变化率的相关系数矩阵,当 $i = j$,$\rho_{ij} = 1$,则 $D = \mathrm{diag}[\sigma]\rho\mathrm{diag}[\sigma]$ 为证券价值变化率的协方差矩阵。②

---

① p_{i0},p_{it} 是价值维度、时间点上的量,货币单位;α_i,σ_i 是时间区间上的无单位的量,分别刻画单位时间证券 i 价值变化率的确定性和不确定性的变化情况。

② ρ 无维度、无单位,D 是时间区间上的无单位的量,表示证券价值变化率在单位时间内变化的相关程度。

t 时刻资产组合价值 $p_{pt} = p_t n_t^T$，则 t 时刻资产组合中证券 i 的比例向量 $w_t = n_t P_t / p_{pt}$。

如果投资者采用购买—持有策略（buy and hold strategy），即投资者在投资期内保持 $n_t = n_0$ [①]，则资产组合价值服从代数布朗运动

$$\frac{\mathrm{d} p_{pt}}{p_{p0}} = \mu_p \mathrm{d}t + \sigma_p \mathrm{d}z(t) \tag{8-7}$$

p_{p0} 是资产组合在 0 时刻（即投资期初）的价值，p_{pt} 是资产组合在 t 时刻的价值，μ_p 是资产组合单位时间价值变化率的漂移率，$\mu_p = \alpha w_0^T$，σ_p 是资产组合单位时间价值变化率的波动率 $\sigma_p = \sqrt{w_0 D w_0^T}$。根据式 8-7，有

$$p_{pt} = p_{p0} + p_{p0} \mu_p t + \sigma_p \mathrm{d}z(t) \tag{8-8}$$

对于 $t > 0$，p_{pt} 服从正态分布：

$$E(p_{pt}) = p_{p0} + p_{p0} \mu_p t \tag{8-9}$$

$$\mathrm{Var}(p_{pt}) = p_{pt}^2 \sigma_p^2 t \tag{8-10}$$

定义 $R_{pt} = \dfrac{p_{pt} - p_{p0}}{p_{p0}}$ 为资产组合在 $0 \sim t$ 期间的相对收益率，则 R_{pt} 服从正态分布：

$$E(R_{pt}) = \mu_p t \tag{8-11}$$

$$\mathrm{Var}(R_{pt}) = \sigma_p^2 t \tag{8-12}$$

且 $R_{p0} = 0$。

（二）目标首达时间的分布：正态反高斯分布

资产组合价值的随机过程与投资者的价值目标共同决定了目标首达时间的分布。投资者的价值目标由其目标函数刻画。目标首达时间的均值—方差模型（$E_\tau - V_\tau$）考虑两类价值目标。

1. 常数价值目标

若投资者的价值目标为

---

① 这意味着投资者在投资期内保持证券 i 的持有量，由于证券 i 的价值是随机游走的，进而资产组合的价值也是随机游走的，因此 t 时刻证券 i 在资产组合中的比例 $w_{it} = n_{it} p_{it} / p_{pt}$ 是随机变量。

$$G(t) = p_G \qquad (8-13)$$

其中 $t > 0$，p_G 是大于 p_{p0} 的常数，则称投资者具有常数价值目标。式 8-13 意味着，投资者希望资产组合价值增长到一个确定值，一旦达成这个目标，投资者解散资产组合，终止投资。显而易见，对于初始值为 p_{p0} 的服从式 8-7 描述的代数布朗运动的资产组合来说，当其收益率 $R_{pt} = \dfrac{p_{pt} - p_{p0}}{p_{p0}}$ 首次到达 $(p_G/p_{p0} - 1)$ 时，其价值首次达成由式 8-13 定义的价值目标。令 $d = (p_G/p_{p0} - 1)$，则式 8-13 定义的投资目标等价于

$$R_{pt}(t) = d \qquad (8-14)$$

其中 $t > 0, d > 0$。

约翰逊、科茨、巴拉科瑞斯南（Johnson NL, Kotz S, Balakrishnan N, 1994）[①]，考克斯和米勒（Cox & Miller, 1965）[②]，莱曼（Lehmann, 1992）[③] 研究了目标首达时间的性质。代数布朗运动式 8-7 首次穿越函数式 8-14 的时间 τ 服从正态反高斯分布（normal-inverse Gaussian distribution），其概率密度函数 t 为

$$t(\tau \mid \mu_p, \sigma_p, d) = \dfrac{d}{\tau} \times \dfrac{1}{\sqrt{2\pi \sigma_p^2 \tau}} \times \exp\left\{-\dfrac{1}{2} \times \dfrac{(d - \mu_p \tau)^2}{\sigma_p^2 \tau}\right\}$$

$$(8-15)$$

其概率分布函数 $\mathfrak{T}$ 为

$$\mathfrak{T}(\tau \mid \mu_p, \sigma_p, d) = \mathfrak{N}\left(\dfrac{-d + \mu_p \tau}{\sqrt{\sigma_p^2 \tau}}\right) + \exp\left\{\dfrac{2\mu_p d}{\sigma_p^2}\right\} \times \mathfrak{N}\left(\dfrac{-d - \mu_p \tau}{\sqrt{\sigma_p^2 \tau}}\right)$$

$$(8-16)$$

$\mathfrak{N}$ 是标准正态分布函数。

[①] Johnson N L, Kotz S, Balakrishnan N. Continuous univariate distrubutions [M]. New York: John Wiley & Sons, 1994: 274-306.

[②] Cox D R, Miller H D. The theory of stochastic processes [M]. New York: John Wiley & Sons, 1965: 221.

[③] Lehmann A. Erstpassagenprobleme für ausgewählte Markovprozesse mit stetigensowie treppenförmigen Realisierungen [D]. Technische Universität Magdeburg, 1992: 19.

$$E(\tau) = \frac{d}{\mu_p} \qquad (8-17)$$

$$\text{Var}(\tau) = \frac{d\sigma_p^2}{\mu_p^3} \qquad (8-18)$$

定义 $\mathfrak{T}_\infty$ 为目标在有限时间内达到的概率, 则有

$$\lim_{\mathfrak{T} \to \infty} \mathfrak{T}(\tau \mid \mu_p, \sigma_p, d) = \begin{cases} 1, & \mu_p \geq 0 \\ \exp\left\{\dfrac{2\mu_p d}{\sigma_p^2}\right\}, & \mu_p < 0 \end{cases} \qquad (8-19)$$

式 8-19 意味着, 只要资产组合的单位时间价值变化率的漂移率大于或等于 0, 则目标式 8-13 一定在有限时间内达成, 而若资产组合的单位时间价值变化率的漂移率小于 0, 则目标式 8-13 不能保证实现。

2. 线性价值目标

若投资者的价值目标为

$$G(t) = p_G + s \times t \qquad (8-20)$$

其中 $t > 0$, p_G 是大于 p_{p0} 的常数, s 是价值目标增长率, $s > 0$, 则称投资者具有线性价值目标。线性价值目标意味着投资者追赶一个稳定增长的价值目标, 一旦资产组合价值达到目标, 则投资者解散资产组合, 终止投资。

代数布朗运动式 8-7 首次穿越函数式 8-20 的时间 τ 服从正态反高斯分布 (Normal-inverse Gaussian distribution), 其概率密度函数 t 为

$$t(\tau \mid \nu, \sigma_p, d) = \frac{d}{\tau} \times \frac{1}{\sqrt{2\pi \sigma_p^2 \tau}} \times \exp\left\{-\frac{1}{2} \times \frac{(d-\nu\tau)^2}{\sigma_p^2 \tau}\right\} \qquad (8-21)$$

其概率分布函数 $\mathfrak{T}$ 为

$$\mathfrak{T}(\tau \mid \nu, \sigma_p, d) = \mathfrak{N}\left(\frac{-d+\nu\tau}{\sqrt{\sigma_p^2 \tau}}\right) + \exp\left\{\frac{2\nu d}{\sigma_p^2}\right\} \times \mathfrak{N}\left(\frac{-d-\nu\tau}{\sqrt{\sigma_p^2 \tau}}\right) \qquad (8-22)$$

其中, $\nu = \mu_p - s$, $\mathfrak{N}$ 是标准正态分布函数。

$$E(\tau) = \frac{d}{\nu} \qquad (8-23)$$

$$\text{Var}(\tau) = \frac{d\sigma_p^2}{\nu^3} \qquad (8-24)$$

$$\lim_{\mathfrak{T}\to\infty}\mathfrak{T}(\tau\mid\nu,\sigma_p,d) = \begin{cases} 1, & \nu \geq 0 \\ \exp\left\{\dfrac{2\nu d}{\sigma_p^2}\right\}, & \nu < 0 \end{cases} \quad (8-25)$$

式 8-25 意味着，只要资产组合的单位时间价值变化率的漂移率大于或等于价值目标增长率，则目标（8-20）一定在有限时间内达成，而若资产组合的单位时间价值变化率的漂移率小于价值目标增长率，则目标式 8-20 不能保证实现。

（三）目标首达时间的均值—方差模型

1. 模型的假设

目标首达时间均值—方差模型建立在如下假设之上。

假设 1：完全资本市场，即存在完全资本市场。在完全资本市场中，证券可无限分割，不存在税收、信息不对称、交易成本以及其他制度性限制。

根据假设 1，资本市场既不存在卖空限制也不存在无风险借贷限制。然而，完全卖空及不受限制的无风险借贷的假设与目标首达时间优化模型不相容，因为在该假设下，目标首达时间的均值收敛于 0。

假设 2：卖空和无风险借贷限制。在完全资本市场上卖空和无风险借贷受到限制，若 $\mu_p \leq \bar{\mu}$，则 $\bar{\mu}$ 是大于 0 的外生给定值。

假设 1 和假设 2 共同定义了一个近似的完全资本市场。假设 2 弱化了假设 1。

假设 3：证券价值的随机过程。资产组合由 N 种服从式 8-1 定义的代数布朗运动的证券构成。

假设 4：投资策略。投资者在决策时点 $t=0$ 投资于由 N 种服从式 8-1 定义的代数布朗运动的证券构成的资产组合，组合价值为 p_{p0}。当 $t>0$，投资者遵循购买—持有策略（buy and hold strategy），这意味着，资产组合持有者不调整证券头寸。

假设 4 和假设 3 共同保证资产组合服从由式 8-7 定义的代数布朗运动。

假设 5：投资者目标。投资者目标由式 8-13 或式 8-20 定义。

假设 6：目标可实现，至少存在一个资产组合，满足 $\mu_p \geq 0$（对于常数价值目标）或 $\mu_p \geq s$（对于线性价值目标）。

第八章 基于要素供给的制度安排

上述 6 个假设保证了目标首达时间分布的存在。

假设 7：基于目标首达时间的资产组合，对于任意两个资产组合 P_1 和 P_2，投资者仅仅基于它们的目标首达时间的分布 $\mathfrak{T}_1$ 和 $\mathfrak{T}_2$ 来进行选择。

假设 7 意味着，在目标首达时间优化模型中，目标首达时间的分布是优化对象，也是投资者做出决策所依赖的变量。

假设 8：$(E_\tau - V_\tau)$ 原则，对于任意两个资产组合 P_1 和 P_2，投资者仅仅基于它们的目标首达时间的均值 E_τ 和方差 V_τ 来比较资产组合。

假设 9：$(E_\tau - V_\tau)$ 偏好关系 > 和风险规避，投资者的在时间维度的偏好是这样定义的：如果 P_1 的目标首达时间的均值和方差都存在，而 P_2 的目标首达时间的均值和方差至少有一个不存在，那么 $P_1 > P_2$；如果 P_1 和 P_2 各自目标首达时间的均值和方差都存在，当 P_1 的目标首达时间的均值小于 P_2 的目标首达时间的均值，且 P_1 的目标首达时间的方差不大于 P_2 的目标首达时间的方差（$E_{\tau,1} < E_{\tau,2}, V_{\tau,1} \leqslant V_{\tau,2}$），或者 P_1 的目标首达时间的均值不大于 P_2 的目标首达时间的均值，且 P_1 的目标首达时间的方差小于 P_2 的目标首达时间的方差（$E_{\tau,1} \leqslant E_{\tau,2}, V_{\tau,1} < V_{\tau,2}$），那么 $P_1 > P_2$。如果 P_1 和 P_2 各自目标首达时间的均值和方差存在且相等，则这两个资产组合被视为无差异。

根据假设 9，目标首达时间均值—方差模型视较低的目标首达时间的均值为报酬，视较高的目标首达时间方差为风险。根据该种偏好关系，时间维度上的资产组合的有效集和非有效集将被区分。

假设 10：投资者在时间维度上的偏好函数，投资者在时间维度的偏好可以通过一个仅由目标首达时间的均值和方差定义的函数 $\Psi_\tau(E_\tau, V_\tau)$ 描述，Ψ_τ 是凹的且二阶可导，$\dfrac{\delta \Psi_\tau}{\delta E_\tau} < 0$，$\dfrac{\delta \Psi_\tau}{\delta V_\tau} < 0$。

根据假设 10，目标首达时间的方差（风险）和报酬（均值）之间存在一种权衡（trade-off），也即投资者愿意为较短的（目标）等待时间而承受较大的（目标）等待时间的波动，或投资者愿意为较小的（目标）等待时间的波动等待较长的（目标达成）时间。

图 8-4 描绘了投资者在时间维度上的偏好。

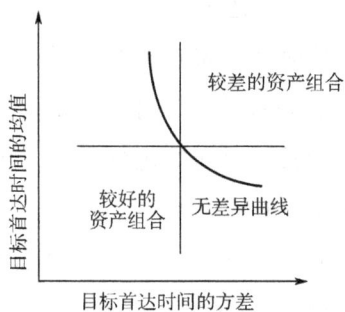

图8-4 投资者在时间维度上的偏好

2. 模型的规范表述

马科维茨的均值—方差模型，对于一个投资期为 t 的投资者来说，其优化问题可表述如下：

$$\min_{w_t} \text{Var}(R_{pt}) = \sigma_p^2 t = \sqrt{w_t D w_t^T}^2 t = w_t D w_t^T t \qquad (8-26)$$

$$\text{s.t.} \begin{cases} E(R_{pt}) = \mu_p t = \alpha w_t^T t = \mu \\ e w_t^T = 1 \end{cases}, \mu、t \text{ 是常数}, e \text{ 是 } N \text{ 维单位向量}。$$

由于 t 为常数，可令其取值为1，也即考察单位时间的优化问题，则得到马科维茨均值—方差模型的最简形式——单期马科维茨均值—方差模型，则式8-26简化为

$$\min_{w_0} \text{Var}(R_p) = \sigma_p^2 = \sqrt{w_0 D w_0^T}^2 = w_0 D w_0^T \qquad (8-27)$$

$$\text{s.t.} \begin{cases} E(R_p) = \mu_p = \alpha w_0^T = \mu \\ e w_0^T = 1 \end{cases}, \mu \text{ 是常数}, e \text{ 是 } N \text{ 维单位向量}。$$

根据目标首达时间的均值—方差模型，并根据式8-17、式8-18，对于一个具有由式8-13（也即式8-14）定义的价值目标的投资者来说，其优化问题可表述如下：

$$\min_{w_0} \text{Var}(\tau) = \frac{d\sigma_p^2}{\mu_p^3} = \frac{d w_0 D w_0^T}{\mu_p^3} \qquad (8-28)①$$

---

① 式8-28适用常数价值目标，若用 ν 替换 μ_p，则式8-28适用线性价值目标，本书只讨论常数价值目标的首达时间优化问题。

s. t. $\begin{cases} E(\tau) = \dfrac{d}{\mu_p} = 常数 \\ e w_t^T = 1 \end{cases}$,d 是常数,e 是 N 维单位向量。

由于 d 为常数,可令其取值为 1,目标首达时间的均值—方差模型可规范表述如下:

$$\min_{w_0} \mathrm{Var}(\tau) = \frac{\sigma_p^2}{\mu_p^3} = \frac{w_0 D w_0^T}{\mu_p^3} \qquad (8-29)$$

s. t. $\begin{cases} E(\tau) = \dfrac{1}{\mu_p} = 常数 \geqslant \dfrac{1}{\bar{\mu}}① \\ e w_0^T = 1 \end{cases}$,e 是 N 维单位向量。

需要指出,α 和 D 根据市场历史数据可得。

3. 模型求解、组合边界及组合有效集

投资者做出组合决策需要两个步骤:①确定组合边界以及组合有效集;②根据自身偏好确定最优组合。

当 μ_p 取值常数 μ,则 $\dfrac{1}{\mu_p}$,$\dfrac{1}{\mu_p^3}$ 均为常数,显而易见式 8-29 和式 8-27 在 $\mu_p \in [0, \bar{\mu}]$ 具有相同的解。默顿(Merton, 1972)②,英格索尔(Ingersoll, 1987)③,黄奇辅和李兹森伯格(Huang & Litzenberger, 1988)④ 研究了单期马科维茨均值—方差模型的解法。

对于给定的 μ,式 8-27 的解由唯一的证券比例向量 w_0 确定,

$$w_0 = g + h \times \mu \qquad (8-30)$$

其中

$$g = \frac{1}{D}[B(D^{-1}e) - A(D^{-1}\alpha)] \qquad (8-31)$$

---

① 根据假设 2,有 $\mu_p \leqslant \bar{\mu}$。

② Merton Robert C. An analytic derivation of the efficient portfolio frontier [J]. Journal of Financial and Quantitative Analysis, 1972 (7): 1851-1872.

③ Jonathan E Ingersoll. Theory of financial decision making [M]. New York: Rowman & Littlefield, 1987: 52-67.

④ Chi-Fu Huang, Robert H Litzenberger. Foundations for financial economics [M]. New York: Elsevier, 1988: 59-82.

$$h = \frac{1}{D}[C(D^{-1}\alpha) - A(D^{-1}e)] \qquad (8-32)$$

式 8-31 和 8-32 中的参数 A、B、C 依赖证券价值变化率的漂移向量 α 以及证券价值变化率的协方差矩阵 D：

$$A = e^T D^{-1} \alpha \qquad (8-33)$$

$$B = \alpha^T D^{-1} \alpha > 0 \qquad (8-34)$$

$$C = e^T D^{-1} e > 0 \qquad (8-35)$$

$$D = BC - A^2 > 0 \qquad (8-36)$$

对于单期马科维茨均值—方差模型，唯一解式 8-30 确定了其组合边界，可由方差关于均值的二次函数

$$\sigma^2(\mu) = \frac{1}{D}[C\mu^2 - 2A\mu + B], \mu > 0 \qquad (8-37)$$

描述。

图 8-5 显示了单期马科维茨均值—方差模型的组合边界。

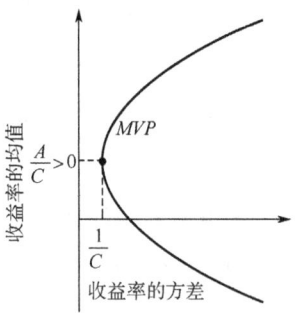

图 8-5 单期马科维茨均值—方差模型组合边界

定义 P_{MVP} 为最小方差组合，$\mu_{MVP} = A/C$，$\sigma^2_{MVP} = 1/C$。则单期马科维茨均值—方差模型的有效组合是式 8-37 定义在 $\mu \in [A/C, +\infty)$ 的部分。

对式 8-37 作变换，则得到目标首达时间的均值—方差模型的组合边界，它由目标首达时间的方差关于目标首达时间的均值的三次函数

$$\sigma^2_\tau(\mu_t) = \frac{1}{D}[C\mu_\tau - 2A\mu_\tau^2 + B\mu_\tau^3], \mu_\tau \geq \frac{1}{\mu} \qquad (8-38)$$

描述。

依赖于系数之间的关系,式 8-38 显示三种形态,图 8-6 描绘了目标首达时间均值方差模型的组合边界。

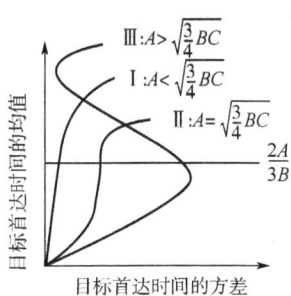

图 8-6 目标首达时间均值—方差模型的组合边界

当 I：$A < \sqrt{\frac{3}{4}BC}$，$\frac{d\sigma_\tau^2}{d\mu_\tau}$ 的判别式 $\Delta = -4(-4A^2 + 3BC) < 0$，因此，$\frac{d\sigma_\tau^2}{d\mu_\tau}$ 没有实根，又根据式 8-34，$\frac{d\sigma_\tau^2}{d\mu_\tau} = C - 4A\mu_\tau + 3B\mu_\tau^2$ 开口向上，因此 $\frac{d\sigma_\tau^2}{d\mu_\tau} = C - 4A\mu_\tau + 3B\mu_\tau^2 > 0$；

当 II：$A = \sqrt{\frac{3}{4}BC}$，$\frac{d\sigma_\tau^2}{d\mu_\tau}$ 的判别式 $\Delta = -4(-4A^2 + 3BC) = 0$，因此，$\frac{d\sigma_\tau^2}{d\mu_\tau}$ 有且仅有一个实根 $\mu_\tau = \frac{2A}{3B}$，又根据式 8-34，$\frac{d\sigma_\tau^2}{d\mu_\tau} = C - 4A\mu_\tau + 3B\mu_\tau^2$ 开口向上，因此 $\frac{d\sigma_\tau^2}{d\mu_\tau}\big|_{\mu_\tau \neq \frac{2A}{3B}} > 0$；

当 III：$A > \sqrt{\frac{3}{4}BC}$，$\frac{d\sigma_\tau^2}{d\mu_\tau}$ 的判别式 $\Delta = -4(-4A^2 + 3BC) > 0$，因此，$\frac{d\sigma_\tau^2}{d\mu_\tau}$ 有两个实根 $\mu_{\max,\tau} = \frac{3A}{2B} - \sqrt{\left(\frac{3A}{2B}\right)^2 - \frac{C}{3B}}$，$\mu_{\min,\tau} = \frac{3A}{2B} + \sqrt{\left(\frac{3A}{2B}\right)^2 - \frac{C}{3B}}$，又根据式 8-34，$\frac{d\sigma_\tau^2}{d\mu_\tau} = C - 4A\mu_\tau + 3B\mu_\tau^2$ 开口向上，因此,当 $\mu_\tau \in [\frac{3A}{2B} -$

$$\sqrt{\left(\frac{3A}{2B}\right)^2 - \frac{C}{3B}}, \frac{3A}{2B} + \sqrt{\left(\frac{3A}{2B}\right)^2 - \frac{C}{3B}}\,], \frac{\mathrm{d}\sigma_\tau^2}{\mathrm{d}\mu_\tau} < 0。$$

综上，当 $A \leqslant \sqrt{\frac{3}{4}BC}$，由于式 8-38 斜率的非负性，目标首达时间的风险（方差）和报酬（均值）之间不存在由假设 10 定义的权衡（trade-off），因此，组合有效集仅包含一个元素——由 $\underline{\mu}_\tau = \frac{1}{\bar{\mu}}$ 描述的资产组合，即：$\mu_p = \bar{\mu}$。

当 $A > \sqrt{\frac{3}{4}BC}$，有效集可由一个以上元素组成。因此，投资者可根据由假设 9 定义的（在时间维度上的）偏好选择最优组合。定义 $\hat{\mu}_{\min,\tau}$ 为由式 8-38 明确确定和由 $\mu_{\min,\tau}$ 描述的组合具有相同方差的组合，定义 $\hat{\mu}_\tau$ 为由式 8-38 明确确定、位于 $[\mu_{\max,\tau}, \mu_{\min,\tau}]$ 和由位于 $[\hat{\mu}_{\min,\tau}, \mu_{\max,\tau}]$ 的由 $\underline{\mu}_\tau$ 描述的组合具有相同方差的组合。

图 8-7 显示了当 $A > \sqrt{\frac{3}{4}BC}$ 时目标首达时间均值—方差模型的组合边界，并且标注出 $\hat{\mu}_{\min,\tau}$、$\underline{\mu}_\tau$、$\mu_{\max,\tau}$、$\hat{\mu}_\tau$、$\mu_{\min,\tau}$ 以及与之对应的 $\hat{\mu}_{\min}$、$\bar{\mu}$、$\mu_{\max}$、$\hat{\mu}$、$\mu_{\min}$。

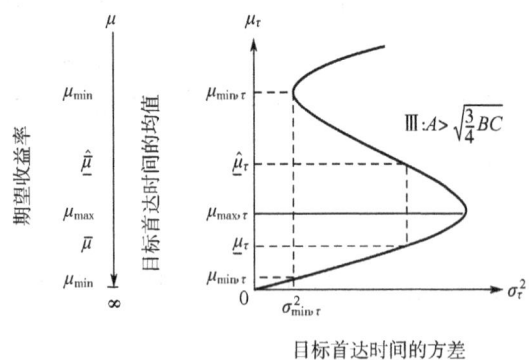

图 8-7 目标首达时间均值方差模型（$E_\tau - V_\tau$）的组合边界

组合的有效集由有效组合的目标首达时间均值描述，区分以下三种情况。

若 $\underline{\mu}_\tau \in [\mu_{\max,\tau}, \mu_{\min,\tau}]$，则由 $\mu_\tau \in [\underline{\mu}_\tau, \mu_{\min,\tau}]$ 描述的资产组合是有效的。

若 $\underline{\mu}_\tau \in (\hat{\mu}_{\min,\tau}, \mu_{\max,\tau})$，则由 $\mu_\tau \in \{\underline{\mu}_\tau \cup (\hat{\mu}_\tau, \mu_{\min,\tau}]\}$ 描述的资产组合是有效的，该种情况，组合有效集在 $E_\tau - V_\tau$ 上的 $\mu \in (\underline{\mu}_\tau, \hat{\mu}_\tau]$ 是不连续的，在图 8-6 中由虚线标识。

除上述两种情况之外，即 $\underline{\mu}_\tau \notin (\hat{\mu}_{\min,\tau}, \mu_{\min,\tau}]$，则组合有效集仅有一个元素构成，即由 $\mu_\tau = \frac{1}{\bar{\mu}}$ 所描述的组合。

总结上述情况，可知，当组合首先满足 $A > \sqrt{BC}$，进而满足假设 2 定义的卖空及无风险借贷限制，则有效集由一个以上元素组成。

图 8-8 描述了目标首达时间的均值—方差模型在 μ 域以及 μ_τ 域上的有效集，其中 $\mu_{\min}$、$\hat{\mu}$、$\underline{\mu}_\tau$、$\hat{\mu}_\tau$ 以及 $\mu_{\min,\tau}$ 均为 $\bar{\mu}$ 的函数。

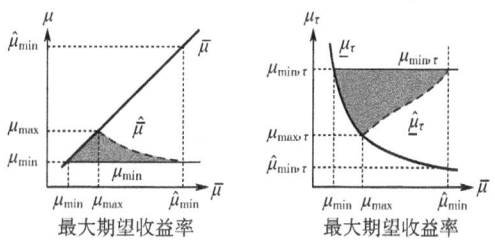

图 8-8 目标首达时间均值—方差模型的有效集

（四）模型的理论意义、缺陷以及应用性

目标首达时间的均值—方差模型考虑了投资者在时间维度上的偏好，拓展了资产组合理论的研究空间，为建立多目标资产组合优化理论奠定了理论基础。

然而，模型存在理论上的缺陷，主要表现为以下两点。

第一，模型以目标首达时间的方差衡量风险，但是目标首达时间密度函数是左偏的，实际上，目标首达时间小于其均值较之目标首达时间大于其均值更可能发生，这意味着目标首达时间的方差会放大投资者在时间维度上面临的风险。

第二,目标首达时间优化模型对于投资者时间维度的偏好的假设过于粗糙,缺少对函数结构及参数的理论假定以及为此进行的实证研究。

目标首达时间的均值—方差模型的应用值得期待,以其作为理论指导,可以设计、开发收益目标确定型资产。

一是价值固定型,其价值目标由式8-13定义,该资产的发行者承诺一个确定价值,并报出该价值的期望达成时间。

二是价值稳定增长型,其价值目标由式8-20定义,该资产的发行者承诺一个稳定的价值增长率,并报出价值的期望达成时间。

该类资产的特点是价值明确,投资期限不确定,适合流动性充足、有长期投资意向的投资者;对发行者来说,该类资产易于展期,提供稳定的长期资金。

二、普惠金融的扶贫功效

普惠金融从其诞生就与扶贫联系在一起。18世纪初,爱尔兰民族主义者乔纳森·斯威夫特(Jonathan Swift)创建了爱尔兰贷款基金体系,该体系专门向农村的贫困人口提供无抵押的小额贷款,并迅速扩大发展。至19世纪40年代,该体系共成立了300多家基金会,20%的爱尔兰家庭成为其客户。小额信贷(小额贷款、小额金融)的理念及实践来自孟加拉国。1976年,孟加拉国经济学家尤纳斯创建了孟加拉乡村银行以提供贷款给贫穷的孟加拉国人。自成立以来,格拉明乡村银行已发放超过51亿美元给530万位客户。为了降低违约风险,银行使用"团结组"系统。村民自愿组合一起申请贷款,由成员担任联合的还款保证人,并互相支持对方努力改善自己的经济状况。随着银行的发展,格拉明乡村银行亦开发了其他为贫穷人士服务的信贷系统。

2016年初,海南省委、省政府组织开展了海南历史上最大规模的扶贫入户调查。调查显示,海南贫困人口分布相对集中、贫困程度较深,发展基础条件较差,致贫原因复杂,部分贫困群众"等靠要"思想严重等特点。

海南省的自然条件决定了发展旅游业吸纳就业的这一扶贫特点,旅游业就业、创业门槛相对较低,对于生活在中西部山区及未开发的海岸线的居民,少量的资金对他们来说也如同久旱甘雨,从经济学理论分析,这是因为在增长的初始阶段,资本的边际收益是快速上升的。

因此,海南省可从"输血"行为向"造血"机制发展,将信贷支持重点与贫困地区产业发展相结合。小额信贷扶贫可从以下几个方面开展。

(一) 构建公益性小额信贷体系

海南省至今为止尚未有较成规模系统的公益性小额信贷。商业小额信贷由于规避风险的原因,尚未惠及城镇中的贫困人群,因此海南省现有的小额信贷模式并不适用于扶贫领域。在扶贫入户调查的基础上,建立以扶贫为主要目标的公益性小额信贷,贷款对象是贫苦户,体现精准原则,按致贫原因分类建档,根据对象主管意愿,结合当地资源特色,规划从业方向,拟定商业计划,确定贷款额度,跟踪经营情况,跟进后续需求。

(二) 农、企、银协同,提高贷款使用效率

企业以创意、技术、管理引领产业发展,农民自愿加入,银行金融支持,银企对接,细化贷款期限、额度,将农民联保扩展到农企联保,一方面提高贷款使用效率,另一方面,降低贷款的违约风险。

(三) 拓展金融服务,信贷、保险相结合

以小额信贷开启贷款对象致富之旅,以多样化金融服务满足其多层次需求。探索农产品保险业务,提供对自然灾害带来的损失的保障;探索农产品期货、期权等衍生交易,提供对市场价格波动带来的损失的保障。

三、私人银行引领海南现代金融服务业

《海南省人民政府关于加快发展现代金融服务业的若干意见》提出"提高金融要素集聚水平,加快金融创新步伐,打造海南金融业的特色优势"的战略,"努力把我省建设成金融改革的先行区、金融发展的繁荣区、金融生态的优质区、金融运行的安全区"。[①]

---

① 《海南省人民政府关于加快发展现代金融服务业的若干意见》,海南省人民政府,2015年10月23日,海南省人民政府第47次常务会议审议通过。

私人银行业面向高净值客户，提供私密、个性化的财富管理服务，是金融业细分市场的产物，在其实践过程中，孕育着金融创新。尽管与国内其他地方相比，海南私人银行业起步较晚，但发展较为迅速。截至2012年11月末，已有工、建、交三家商业银行开办了私人银行业务，共有私人银行客户900户，人均持有资产超过850万元。

休闲旅游业与私人银行业的需求者存在交集——即主体对休闲旅游需求越高，对私密、个性化的财富管理服务的需求也越高，反之亦然，因此，两业有较强的融合可能。海南得天独厚的休闲旅游自然禀赋，决定了休闲旅游业主导和其私人银行业的融合。出于多元化及提高客户满意度的考虑，休闲旅游经营者应该成为私人银行业务的供给者，然而，出于成本及专业化考虑，休闲旅游经营者选择与私人银行业务提供者合作。两业融合将推进海南金融业发展，海南不但成为休闲旅游目的地，也将成为资本目的地，通过天使投资、PPP模式、离岸金融等金融活动造血海南实体经济，推动创新创业，惠及海南居民。

参考文献

[1] Krelle W. Theorie des wirtschaftlichen Wachstums [M]. Berlin Heidelberg: Springer Berlin Heidelberg, 1988.

[2] Solow R M. A contribution to the theory of economic growth [J]. Quarterly Journal of Economics, 1956, 70 (2): 65-94.

[3] Thieβ Petersen. Karl Marx' Vorstellungen vom 》guten Leben《 [EB/OL]. http://www.glasnost.de/autoren/peter/leben.html.

[4] Albert O, Hirschman, Michael Rothschild. The changing tolerance for income inequality in the course of economic development [J]. The Quarterly Journal of Economics, 1973, 87 (4): 544-566.

[5] Harry M, Markowitz. Portfolio selection [J]. Journal of Finance, 1952, 7 (1): 77-91.

[6] Burkhardt T. Wachstumsorientierte Portfolioselektion auf der Grundlage von Zielerreichungszeiten [J]. OR Spektrum, 2000 (22): 203-219.

[7] Johnson, Norman L, Kotz, et al. Continuous univariate distrubutions [M]. New York: John Wiley & Sons, 1994: 274-306.

[8] Cox D R, Miller H D. The theory of stochastic processes [M]. New York: John Wiley & Sons, 1965: 221.

[9] Lehmann A. Erstpassagenprobleme für ausgewählte Markovprozesse mit stetigen sowie treppenförmigen Realisierungen [D]. Technische Universität Magdeburg, 1992: 19.

[10] Merton, Robert C. An analytic derivation of the efficient portfolio frontier [J]. Journal ofFinancial and Quantitative Analysis, 1972 (7): 1851-1872.

[11] Jonathan E Ingersoll. Theory of financial decision making [M]. New

York: Rowman & Littlefield, 1987: 52 – 67.

[12] Chi – Fu Huang, Robert H. Litzenberger. Foundations for financial economics [M]. New York: Elsevier, 1988: 59 – 82.

[13] 马克思, 恩格斯. 马克思恩格斯全集 [M]. 第三卷. 北京: 人民出版社, 1960.

[14] 阿马蒂亚·森. 以自由看待发展 [M]. 任赜, 于真, 译. 北京: 中国人民大学出版社, 2009.

[15] 中共宣传部. 科学发展观学习读本 [M]. 北京: 学习出版社, 2008.

[16] 何毅亭. 马克思主义发展观的中国实践与中国创新 [EB/OL]. http://theory.people.com.cn/n/2015/1126/c40531 – 27859982.html.

[17] 任理轩. 坚持共享发展——"五大发展理念"解读之五 [N]. 人民日报, 2015 – 12 – 24 (7).

[18] 王顺喜. 我国失地农民现状分析及政策建议 [J]. 中国软科学, 2009 (4).

[19] 赵友新. 失地后的失衡——失地农民的就业和生活问题调查 [J]. 中国土地, 2004 (2).

[20] 孟群英. 城市化进程中海南失地农民权益保障问题研究 [D]. 海口: 海南师范大学, 2011.

[21] 杜伟. 失地农民权益保障的制度经济学分析 [J]. 经济体制改革, 2007 (6).

[22] 林乐芬, 金援. 失地农民土地权益可持续保障机制研究 [J]. 经济纵横, 2011 (12).

[23] 邓大松, 王曾. 城市化进程中失地农民福利水平的调查 [J]. 经济纵横, 2012 (5).

[24] 尹奇, 马璐璐, 王庆日. 基于森的功能和能力福利理论的失地农民福利水平评价 [J]. 中国土地科学, 2010 (7).

[25] 沈关宝, 王惠博. 解读"失地农民问题"——国内外失地农民问题

研究综述[J].江西社会科学,2008(1).

[26] 朱冬梅,方纲.城郊失地农民就业意向、就业选择与社会支持网研究——以成都市龙泉驿区、郫县、都江堰市为例[J].城市发展研究,2008(1).

[27] 李飞,钟涨宝.人力资本、社会资本与失地农民的职业获得——基于江苏省扬州市两个失地农民社区的调查[J].中国农村观察,2010(6).

[28] 吴丽,吴次芳.杭州经济技术开发区失地农民生活质量指数评价及影响因素研究[J].中国土地科学,2009(4).

[29] 叶继红.失地农民职业发展状况、影响因素与支持体系建构[J].浙江社会科学,2014(8).

[30] 于宏,周升起.城市化是否提高了失地农民的生活水平?——基于失地农民异质性视角下的实证分析[J].经济管理,2016(1).

[31] 黄建伟.失地农民的概念界定[J].经济研究参考,2009(36).

[32] 邵彦敏,陈肖舒.共享发展与失地农民社会保障[J].学习与探索,2017(2).

[33] 赵曼,张广科.失地农民可持续生计及其制度需求[J].财政研究,2009(8).

[34] 魏建.嵌入和争夺下的权利破碎:失地农民权益的保护[J].法学论坛,2010(6).

[35] 崔铭香,高志敏.市化进程中失地农民的教育培训考[J].职业技术教育,2009(16).

[36] 贺俊杰,聂庆艳.我国城市化进程中失地农民教育培训机制探析[J].成人教育,2015(7).

[37] 朱可亮,罗伊·普罗斯特曼,杰夫·瑞丁格,等.中国十七省地权调查[J].新世纪,2012(5).

[38] 阿尔伯特·赫希曼.经济发展过程中收入不平等容忍度的变化[J].刁琳琳,译.比较,2010(3).

[39] 高发.国社会可容忍收入差距上限估计及计算方法探讨[J].现

代财经，2011（1）．

［40］任远．对收入差距不能只看差距本身［J］．理论学习，2010（10）．

［41］任理轩．坚持协调发展——"五大发展理念"解读之二［N］．人民日报，2015-12-21（7）．

［42］林洪义．论主导产业的选择及其对经济增长的作用［J］．财经问题研究，1992（8）．

［43］黄景贵，张尔升，杨红．海南产业发展战略研究［M］．海口：海南出版社，2009．

［44］陆志远．大力推进文化和旅游融合发展提升海南旅游的魅力和竞争力［N］．中国旅游报，2011-11-25（6）．

［45］陆德明，高一兰．人力资本积累与海南农村劳动力转移规模的实证分析［J］．经济师，2011（2）．

［46］石培华．中国旅游业对就业贡献的数量测算与分析［J］．旅游学刊，2003（6）．

后 记

2010年3月,笔者第一次踏上海南岛,第一次喝椰子,3元一个。8月入职三亚学院,成为高校教师。

观察生活,以科学的思维、专业的视角去思考。2017年一个椰子8元,价格?收入?供给抑或需求?

观察的意义在于,它让我们发现生活的真义。本书始于对收入差距的观察,共享是令人憧憬的,无论从帕累托均衡的经济视角,还是从天下大同的儒家追求来看待。

2017年6月于三亚学院